Hirn 1.0 trifft Technologie 4.0

Ralf Günthner

Daniela Dollinger

Hirn 1.0 trifft Technologie 4.0

Der Mensch und seine kreativen Potentiale im Fokus

 Springer

Ralf Günthner
Cencerus (Schweiz) AG
Zürich, Schweiz

Daniela Dollinger
Team-Factory GmbH
Bellikon, Schweiz

ISBN 978-3-658-23903-9   ISBN 978-3-658-23904-6   (eBook)
https://doi.org/10.1007/978-3-658-23904-6

Die Deutsche Nationalbibliothek verzeichnet diese Publikation in der Deutschen Nationalbibliografie;
detaillierte bibliografische Daten sind im Internet über http://dnb.d-nb.de abrufbar.

Springer ist ein Imprint der eingetragenen Gesellschaft Springer Fachmedien Wiesbaden GmbH und ist
ein Teil von Springer Nature
Die Anschrift der Gesellschaft ist: Abraham-Lincoln-Str. 46, 65189 Wiesbaden, Germany

Eine wirklich gute Idee erkennt man daran, dass ihre Verwirklichung von vorne herein ausgeschlossen erscheint.

(Albert Einstein)

Geleitwort

Ralf Günthner baut seine hervorragende Masterarbeit, die er bei uns am Institut für Angewandte Psychologie im Rahmen des MAS in Supervision und Coaching in Organisationen eingereicht hat, erfreulicherweise mit Daniela Dollinger zusammen weiter aus. Entstanden ist ein Buch, welches in der Beratungs- und Führungsliteratur eine Lücke füllt. Es treffen sich nicht nur Hirn 1.0 mit Technologie 4.0, sondern auch fundiertes IT, Ingenieur- und Betriebswirtschaftswissen mit Erkenntnissen aus der Psychologie. Gerade für Psychologinnen und Psychologen, welche auf dem Gebiet der Technologie 4.0 nicht so bewandert sind, geben die ersten beiden Kapitel eine hervorragende Einführung in die 4. industrielle Revolution, das Thema Digitalisierung und deren Auswirkungen auf Organisationen. Besonders erwähnenswert ist dabei, dass in ► Kap. 2 unterschieden wird in Unternehmen 4.0, Technologie 4.0, Organisation 4.0 und Mensch 4.0. Dies erlaubt vertiefte Analysen aus verschiedenen Blickwinkeln, die miteinander zudem gut vernetzt sind. Für Fachleute, die sich eher im IT- und Technikfeld gut auskennen, sind andererseits die (arbeits-)psychologischen Konzepte eine bereichernde Ergänzung zu ihrem Feld. Neben den Ausführungen zur Organisation 4.0 und Mensch 4.0 dürfte für diese Zielgruppe vor allem der im ► Kap. 3 beschriebene Kompass für das Unternehmen 4.0 eine gute Anleitung sein, wie man Transformationsprozesse auf organisationaler und individueller Ebene sinnvoll angehen kann. Der Kompass baut auf das von Josef Campbell entwickelte Metamodell auf („Heldenreise") und schafft damit eine gute Orientierung, um ganze Organisationen, Teams oder Menschen bei Veränderungsprozessen zu begleiten. Angesprochen sind generell – unabhängig von der Fachdisziplin – sowohl Führungskräfte, aber auch Personen aus dem Human Resources Management oder aus dem Beratungsfeld. Die Klammer ums Buch bietet eine erfrischende Perspektive ins bzw. aus dem Jahr 2030 und verweist damit auf die Zeitachse, welche für Transformationen immer ganz wichtig ist. Für die einen mag es ein langer Zeithorizont sein, andere werden im Jahr 2030 sagen, die letzten Jahre gingen zu schnell vorbei, für all das, was sie sich an Veränderungen vorgenommen haben. Wie auch immer: es ist jetzt der richtige Zeitpunkt, sich mit diesem Buch für die nächsten Jahre fit zu machen, speziell für alle anspruchsvollen Transformationsprozesse.

Prof. Dr. Eric Lippmann
November 2018

Vorwort

Die 4. Industrielle Revolution und das Thema Digitalisierung sind mittlerweile omnipräsent. In jeder Fachzeitschrift, auf jeder Veranstaltung sowie in den sozialen Medien finden sich unzählige Berichte und Artikel darüber, warum sich Unternehmen mit der Digitalisierung auseinandersetzen sollten. Zahlreiche Studien von namhaften Hochschulen, anerkannten Analysten und Beratungshäusern prognostizieren, dass die 4. Industrielle Revolution die Arbeitswelt in allen Branchen in den nächsten Jahren massiv verändern wird. Doch was genau ist diese Digitalisierung? Was verbirgt sich hinter Begriffen wie Industrie 4.0, Logistik 4.0 oder Arbeiten 4.0? Was ist anders als früher? In welchen Bereichen können Unternehmen den größten Nutzen generieren? Wie gehen wir dieses Thema an? Was sind die konkreten ersten Schritte?

Wir nehmen am Markt wahr, dass Viele von Digitalisierung und der 4. Industriellen Revolution sprechen, jeder jedoch seine eigene Definition und sein eigenes Verständnis hat, was genau dahintersteckt. Unterhalten sich Kolleginnen und Kollegen über Digitalisierung, dann ist das häufig so, als würde jeder eine andere Sprache sprechen. Für Führungskräfte und Mitarbeiter in Unternehmen ist es nicht einfach, sich in diesem Dschungel von Akronymen und Buzz-Wörtern zurechtzufinden. Viele sind verunsichert, da sie auf eine konkrete Frage unterschiedliche Antworten und Empfehlungen bekommen. Dies fühlt sich in etwa so an, als wenn ein Koch die Aufgabe bekommt, ein 6-Gänge-Menü zu kochen. Er bekommt Zutaten, die er nie zuvor gesehen hat und muss selbst herausfinden, wie und in welcher Reihenfolge die Zutaten zubereitet werden müssen.

Unsere Motivation für dieses Buch ist, den Dschungel der Begrifflichkeiten zu entwirren, ein gemeinsames Basisverständnis von Digitalisierung und der 4. Industrielle Revolution zu schaffen sowie einen Wegweiser für die digitale Reise mit konkreten Methoden zur Verfügung zu stellen. Damit wollen wir einen Beitrag dazu leisten, Unternehmen, Beratungshäuser, Behörden, Spitäler, Organisationen, Teams aber auch jeden persönlich Interessierten fit für die Zukunft zu machen.

Als Technologieberater, Organisationsentwickler und persönliche Coaches blicken wir ganzheitlich auf das Thema Digitalisierung in der Welt 4.0. Ganzheitlich bedeutet für uns die Verzahnung der drei Dimensionen Technologie, Organisation und Mensch. Im Zentrum steht dabei der Mensch, der den Unterschied macht, sei es im Kontakt mit den Kunden, in der Interaktion innerhalb der Unternehmensgrenzen oder in einem immer komplexer werdenden Ecosystem. Deshalb haben wir bei der Beschreibung der Dimension Mensch versucht, neurowissenschaftliche Erkenntnisse einfließen zu lassen. Dabei ging es uns vor allem darum zu beschreiben, wie sich Unternehmen sowie Individuen diese neuen Erkenntnisse des menschlichen Hirns im Rahmen einer Digitalen Transformation zunutze machen können.

Nach Studium des Buchs gewinnt der Leser:

- Transparenz und Basiswissen in den Bereichen Technologie, Organisation und Mensch
- Impulse und Ideen, welchen Nutzen die Welt 4.0 für Unternehmen generieren kann
- Orientierung, wie der digitale Wandel im eigenen Unternehmen gelingen kann
- Werkzeuge, Methoden und Rezepte für die Umsetzung der Digitalen Transformation

Um dies zu erreichen, beschreiben wir alle drei Dimensionen so, dass sowohl Führungskräfte als auch Mitarbeiter die Inhalte sowie die Zusammenhänge zwischen Technologie, Organisation und Mensch verstehen. Für die Unterstützung bei der Umsetzung von Digitalisierungs-Projekten stellen wir das **Techno-Organisatorische Transformationsmodell** sowie den **Kompass für das Unternehmen 4.0** vor. Durch Anwendung der Modelle und den dazu gehörigen Methoden für die Umsetzung, kann die Transformation in die Welt 4.0 beschleunigt werden.

Das **Techno-Organisatorische Transformationsmodell** sowie der **Kompass für das Unternehmen 4.0** wurden in co-kreativen Workshops mit unseren Kunden entwickelt und geben Orientierung, helfen beim Denken und machen Zusammenhänge transparent. Sie schaffen ein gemeinsames Veränderungsverständnis sowie eine gemeinsame Veränderungssprache auf der digitalen Reise.

Die Inhalte des Buchs können sowohl für die Sensibilisierung des Top Managements genutzt werden, als auch für die Umsetzung von konkreten Digitalisierungsvorhaben. Es zeigt auf, welche Chancen hinter Konzepten wie Industrie 4.0, agilen Organisationsmodellen oder agilen Arbeitsmethoden verborgen sind. Hat sich das Top Management entschieden, auf die digitale Reise zu gehen, bietet es Methoden zur Entwicklung eines ganzheitlichen Zielbildes sowie Begleitung während der vielen Prüfungen, durch die Führungskräfte sowie Mitarbeiter während dieser Transformations-Reise gehen werden. Schritt für Schritt hat das Unternehmen die Möglichkeit, sich zu einem agilen, resilienten und lernenden Unternehmen 4.0 zu entwickeln.

Mit diesem Buch wollen wir unser Verständnis und unsere Erfahrungen teilen, aber vor allem wollen wir inspirieren und zum Dialog anregen. Schon immer haben uns neue Themen fasziniert. Mit einem Hintergrund im Ingenieurswesen, IT-Lösungsgeschäft bzw. der Betriebswirtschaft haben wir bereits in der Vergangenheit versucht, aus unterschiedlichen Blickwinkeln und Perspektiven auf Unternehmen zu blicken. So ergab es sich fast von alleine, dass wir Unternehmen bei dem Übergang in neue Welten begleitet haben. Heute sind wir mit Herzblut Berater und Coach, die sich selbst auch immer wieder infrage stellen: Passen unsere Herangehensweisen noch zum Zeitgeist? Machen unsere Konzepte überhaupt noch Sinn? Was braucht es, damit wir selbst zukunftsfähig bleiben? Diese Fragen machen nicht Halt in unserer Berufswelt. Diese stellen wir uns auch immer wieder persönlich.

Für eine bessere Lesbarkeit wird im Buch jeweils die männliche Form verwendet. Die weibliche Form ist selbstverständlich immer miteingeschlossen.

Wir wünschen viel Freude beim Lesen, viel Erfolg bei der eigenen Neuorientierung und sind offen für wertschätzende anregende Dialoge.

Ralf Günthner
Daniela Dollinger
Zürich, September 2018

Wir schreiben das Jahr 2030

Dies ist die Geschichte der Industrie & Gebäude AG, die am Anfang der 4. Industriellen Revolution die Notwendigkeit einer radikalen Neuausrichtung verkannt hat.

Das im Jahr 1965 gegründete Unternehmen war bis auf wenige Krisenjahre permanent gewachsen. Durch die Globalisierung und den neuen Märkten in USA sowie Asien konnte die Belegschaft der Industrie & Gebäude AG bis ins Jahr 2020 auf 1200 Mitarbeiter ausgebaut werden. Für ihre hocheffizienten und qualitativ hochwertigen Produkte war die Industrie & Gebäude AG weltweit bekannt. Diese wurden von hervorragend ausgebildeten Ingenieuren in der Entwicklung sowie der Produktion mit großer Leidenschaft optimiert und in regelmäßigen Abständen mit neuen Funktionen ausgestattet. Der CEO hatte das Unternehmen mit straffer Hand geführt. Entscheidungen über den Einbau neuer Funktionen oder die Beschaffung neuer Anlagen in der Produktion gingen in der Regel über seinen Tisch. Als der CEO im Jahre 2016 das erste Mal von Industrie 4.0, dem Internet der Dinge und Künstlicher Intelligenz gehört hatte, war er neugierig und gespannt. Die ersten Prototypen, die seine Ingenieure neben ihrem Tagesgeschäft auf einer IoT-Cloud entwickelt hatten, waren wenig überzeugend. Das Thema Industrie 4.0 wurde auf Eis gelegt mit der Begründung, dass die Technologien noch nicht reif genug seien. Zudem konnte ihm niemand einen Business Case zeigen, der einen Nutzen der neuen Technologien erkennen ließ. Andere CEOs, mit denen er sich regelmäßig austauschte, hatten ähnliche Erfahrungen gemacht.

Die Industrie & Gebäude AG arbeitete mit derselben Haltung und demselben Organisationsverständnis weiter und nutzte die eine oder andere neue Technologie, um interne Prozesse zu optimieren. Das ging so lange gut, bis im Jahre 2022 die Auftragseingänge einbrachen. Erste Analysen des CEO und seinen Strategen ergaben, dass sich der globale Wachstumsmarkt abgekühlt hatte. Wettbewerber aus China und Vietnam stellten mittlerweile Maschinen und Komponenten mit höherer Effizienz und gleicher Qualität her. Der Unterschied der Maschinen des Wettbewerbs zu den eigenen war, dass diese komplett offen für die Vernetzung und den Datenaustausch mit anderen Maschinen sowie Industrie 4.0-Cloud-Plattformen waren. Die Produkte der Wettbewerber hatten bereits künstliche Intelligenz eingebaut, sodass sie sich selbst optimierten und vorhersagen konnten, wann ein Bauteil ausgetauscht werden musste. Ungeplante Produktionsausfälle waren damit auf ein Minimum reduziert. Kunden der Wettbewerber konnten selbst entscheiden, ob sie die Maschine kaufen oder als Service (Pay-per-Output) beziehen wollten.

Junge Ingenieure sowie andere wichtige Mitarbeiter aus allen Unternehmensbereichen der Industrie & Gebäude AG begannen bereits 2021, das Unternehmen zu verlassen. Neue Ingenieure und Fachkräfte zu finden, wurde von Jahr zu Jahr schwieriger. Hauptgrund für die ansteigende Fluktuation war der Fakt, dass Mitarbeiter eine neue Führungskultur, moderne Arbeitsmethoden und Organisationsstrukturen forderten. Viele waren nicht mehr bereit, die „Command and Control"-Kultur zu akzeptieren, die dafür gesorgt hatte, dass der Druck auf Führungskräfte wie Mitarbeiter von Jahr zu Jahr zugenommen hatte.

Heute (2030) stellt die Industrie & Gebäude AG mit 300 Mitarbeitern nur noch ein Drittel so viele Produkte her wie 2016 und lebt vor allem vom Servicegeschäft der in den letzten 20 Jahren verkauften Produkte.

Inhaltsverzeichnis

Weshalb eine Neuausrichtung?

© Springer Fachmedien Wiesbaden GmbH, ein Teil von Springer Nature 2019
R. Günthner, D. Dollinger, *Hirn 1.0 trifft Technologie 4.0,* https://doi.org/10.1007/978-3-658-23904-6_1

1

1.1 Die 4. Industrielle Revolution betrifft uns alle!

Die 4. Industrielle Revolution und die damit einhergehende nächste Welle der Digitalisierung wird unser aller Leben verändern. Im Vergleich zur 3. Industriellen Revolution wird sie nicht nur Auswirkungen auf Unternehmen haben, sondern immer mehr in unser gesellschaftliches Leben hineinwirken. Da wir noch ganz am Anfang dieser Revolution stehen, haben wir die Möglichkeit, Einfluss auf den Verlauf dieser Veränderungen zu nehmen. Dies wird jedoch nur dann möglich sein, wenn wir als Gesellschaft, Unternehmen, Führungskräfte sowie Mitarbeiter ein Bewusstsein und ganzheitliches Verständnis für die Digitalisierung und die 4. Industrielle Revolution entwickeln.

Heute zeigt sich die 4. Industrielle Revolution in unterschiedlichen Facetten:

- Technologisch durch das Internet der Dinge, Blockchain, Künstliche Intelligenz, Machine Learning, Augmented/Virtual Reality, Robotics oder Adaptive Manufacturing etc.
- Organisatorisch durch Konzepte wie Holacracy, kollegiale Führung, Scrum, Kanban etc.
- Menschlich durch das Bedürfnis nach Selbstbestimmung, Balance, sinnvollen Tätigkeiten etc.

Im historischen Rückblick betrachtet folgt die Vernetzung (4. Industrielle Revolution) der Automatisierung (3. Industrielle Revolution), der Elektrifizierung (2. Industrielle Revolution) sowie der Mechanisierung (1. Industrielle Revolution), vgl. ◻ Abb. 1.1.

Vernetzung bedeutet, dass in Zukunft Produkte und Gegenstände eine eigene Identität bekommen und mit dem Internet verbunden sein werden. Damit wird die Möglichkeit geschaffen, dass Produkte Daten und Informationen mit anderen Produkten austauschen können. Mittels Künstlicher Intelligenz, die in Zukunft in den Produkten eingebaut sein wird, werden die Daten und Informationen genutzt, um Aktionen zu initiieren.

Die Vernetzung wird mit hoher Geschwindigkeit Einzug in Unternehmen und unsere Gesellschaft halten. Hat die Mechanisierung ca. 100 Jahre benötigt, bis sie flächendeckend in Unternehmen benutzt wurde, so gehen Experten davon aus, dass die Vernetzung weniger als die Hälfte der Zeit, nämlich ca. 40 Jahre benötigt, bis Unternehmen diese neuen Technologien adaptiert haben. Die Gründe dafür sind zum einen

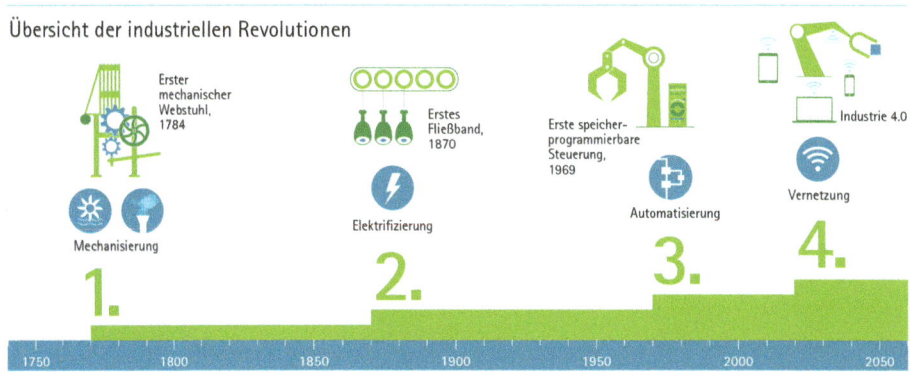

◻ **Abb. 1.1**   Übersicht der Industriellen Revolutionen. (bmvit 2018)

die Tatsache, dass die Vernetzung auf bestehenden Anlagen (Maschinen, Steuerungen etc.) aufbaut, wohingegen bei der Elektrifizierung die meisten Maschinen durch neue ersetzt werden mussten. Die Entwicklung und Produktion dieser neuen Maschinen mit neuer Technologie hat damals entsprechend viel Zeit in Anspruch genommen. Zum anderen nimmt heute die Geschwindigkeit, in der die technologische Weiterentwicklung stattfindet, nicht mehr linear, sondern exponentiell zu. Dies führt zu einem folgenreichen Paradigmenwechsel: Im digitalen Zeitalter frisst nicht mehr der Große den Kleinen, sondern der Schnelle den Langsamen. Jene Unternehmen werden den Wettbewerb gewinnen, die sich nicht mehr nur nach Innen (Effizienzsteigerung und Kostenreduktion) optimieren, sondern in der Lage sind, sowohl weiter an Effizienzsteigerung (Innen), als auch an neuen Geschäftsmodellen (Innen und Außen) sowie angepassten Kooperationsformen mit ihren Kunden (Außen) zu entwickeln.

Agilität und Speed, Kreativität und Innovation sowie Resilienz und Attraktivität als Arbeitgeber stehen deshalb heute ganz oben auf der Agenda der meisten CEOs. Aufgrund dieses anstehenden Paradigmenwechsels ist es für viele Unternehmenslenker und Führungskräfte wichtig, ihr Unternehmen bereits heute neu auszurichten:

- Welche Daseinsberechtigung haben wir in der Zukunft?
- Welche technologischen Möglichkeiten machen für uns Sinn und können zur Schaffung von Mehrwert genutzt werden?
- Welche veränderten Bedürfnisse unserer Kunden und Mitarbeiter spielen für uns eine zentrale Rolle?
- Welche organisatorischen und arbeitsmethodischen Anpassungen sind notwendig, um den erwarteten Nutzen auch wirklich nachhaltig zu realisieren?
- Wie gehen wir damit um, wenn sich der Wachstumsmarkt in einen Verdrängungsmarkt wandelt?

Unsere Erfahrungen in den letzten Jahren zeigen, dass die meisten Unternehmen momentan einen sequenziellen Ansatz wählen, um sich der Neuausrichtung zu nähern. Durch die starke technokratische Prägung, die sich in den letzten Jahrzehnten in uns Menschen verfestigt hat, starten sie mit der Technologie. Sie wollen verstehen, welchen Nutzen diese neuen technologischen Konzepte und Möglichkeiten für ihr Unternehmen haben. Die Evaluierung von z. B. Industrie 4.0 wird an die Techniker im Engineering, der Produktion, Logistik oder der Supply Chain delegiert. Irgendwann erkennen die Unternehmen, dass weder die notwendigen Fähigkeiten und das Wissen, noch die organisatorischen Voraussetzungen innerhalb der Unternehmen geschaffen sind, um die Möglichkeiten auszuschöpfen, die die 4. Industrielle Revolution bietet. Diese Herangehensweise ist zu träge, wenig innovationsfördernd und der Versuch, den Herausforderungen der Zukunft mit alten Mitteln zu begegnen.

1.2 Das Dilemma der Unternehmen

Digitalisierung ist nichts Neues und neue Technologien kommen in Wellen (vgl. ◘ Abb. 1.2). Als Überbegriff der schnell fortschreitenden technologischen Entwicklung begleitet sie uns bereits seit vielen Jahren sowohl im Alltag als auch im Berufsleben. Wikipedia definiert den Begriff Digitalisierung wie folgt: „Digitalisierung bezeichnet die Überführung analoger Größen in diskrete (abgestufte) Werte, zu dem Zweck, sie elektronisch zu speichern oder zu verarbeiten (▶ https://de.wikipedia.org/wiki/Digitalisierung)".

1

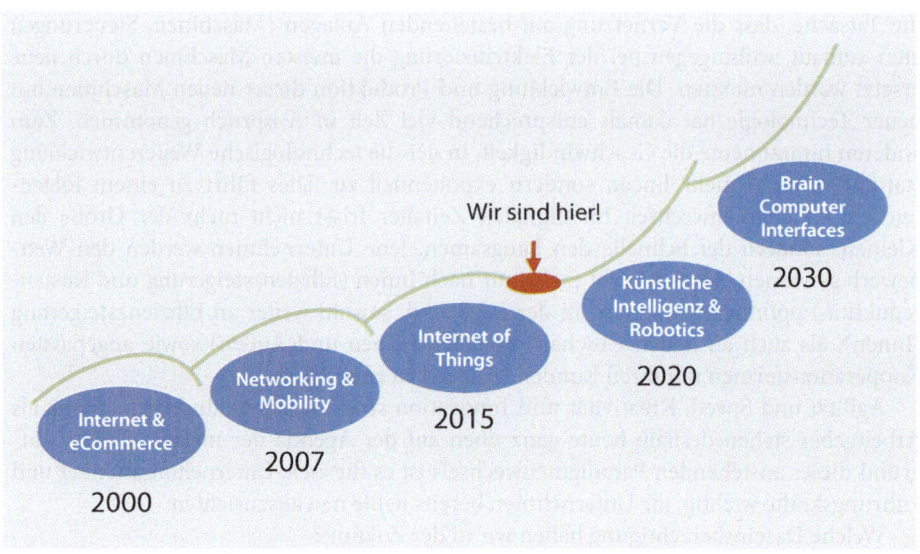

Wir sind hier!

Brain Computer Interfaces

2030

Künstliche Intelligenz & Robotics

2020

Internet of Things

2015

Networking & Mobility

2007

Internet & eCommerce

2000

◘ Abb. 1.2 Technologie kommt in Wellen

Beispiele im Alltag sind digitale Musik, digitale Fotos und Videos, Nutzung von Social Media wie Facebook, Twitter, Xing sowie ganz allgemein die Nutzung des Internet für z. B. die Suche nach Wissen. In den Technologiewellen der 3. Industriellen Revolution hatten Unternehmen viel Zeit, um neue Technologien zu verstehen und diese in ihre Produkte oder Geschäftsprozesse zu integrieren. Die Technologien haben sich linear entwickelt und waren somit gut planbar. So hat die Digitalisierung dazu beigetragen, ganze Wertschöpfungsketten von der Bestellung des Kunden über die Produktion, Lagerung, Distribution und Rechnungsstellung bis zur Finanzbuchung zu automatisieren.

Kennzeichen der letzten Wellen der Digitalisierung und Teil der 3. Industriellen Revolution war die Nutzung von Software-Tools zur Prozessoptimierung durch zentrale Speicherung und Verarbeitung von Informationen (z. B. ERP-Systeme, CRM-Systeme, eCommerce etc.). Projekte zur Einführung dieser Software-Tools wie z. B. SAP ERP, Salesforce oder Oracle waren relativ teuer und es hat häufig mehrere Jahre gedauert, bis Mitarbeiter diese Tools nutzen konnten und das eingesetzte Kapital zurückfloss. Diese Projekte konnten finanziert werden, da wir uns in einem weltweiten Wachstumsmarkt befunden haben. Große Länder wie Indien und China haben sich entwickelt und den Konsum in der westlichen Welt angetrieben. Dies wird sich in der 4. Industriellen Revolution vermutlich ändern. Zum einen, weil sich in vielen Branchen der Wachstumsmarkt in einen Verdrängungsmarkt entwickeln wird. Zum anderen, weil Unternehmen aus Ländern wie China und Indien mehr und mehr zu globalen Wettbewerbern im digitalen Wettrennen werden.

Kennzeichen der neuen Wellen der Digitalisierung in der 4. Industriellen Revolution ist vor allem, dass die neuen Technologien gleichzeitig kommen, sich exponentiell entwickeln sowie gegenseitig verstärken. Die Zeitspanne, die neuen Technologien wie das Internet der Dinge, Künstliche Intelligenz oder Blockchain zu verstehen, in Produkte und Geschäftsprozesse zu integrieren und die Kundeninteraktion zu optimieren, wird immer kürzer. Da Komplexität und Geschwindigkeit in der Welt 4.0 drastisch ansteigen werden, müssen sich Unternehmen überlegen, wie sie die Transformation von der Welt der 3. Industriellen Revolution in die Welt der 4. Industriellen Revolution – die vielbeschriebene *Digitale Transformation* – effizient und nachhaltig meistern. Und genau hier zeigt sich das Dilemma, in dem Unternehmenslenker und ihre Digitalisierungs-Experten stecken.

In der Welt 3.0 (3. Industrielle Revolution) war es möglich, als Basis für Effizienzsteigerungsprojekte „Best Practices" zur Hand zu nehmen oder Expertenberatung in Anspruch zu nehmen. Mittels Kennzahlen und Benchmarking konnten sich Unternehmen gegenseitig vergleichen und daraus Projekte initiieren, um allfällige Lücken zu schließen. In der Welt 4.0 funktionieren diese Mechanismen nur noch bedingt. Hier gibt es nämlich noch keine vergleichbaren Unternehmen oder Kennzahlen, die man für ein Benchmarking zurate ziehen könnte. Unternehmen betreten absolutes Neuland. Wagt also ein Unternehmen den Sprung von der linken S-Kurve in ▪ Abb. 1.3 zur rechten S-Kurve, kann es sich in den ersten Jahren nur noch mit sich selbst vergleichen und sich fragen: wie sieht die beste Version von mir selbst aus und was muss ich tun, um die beste Version von mir selbst zu werden/zu bleiben? Dies sind Hilfsfragen, die benutzt werden können, um ein neues Zielbild, eine neue Identität für ein Unternehmen zu entwickeln. Weitere wichtige Fragen, die sich Unternehmen sich vor allem beim Start der Digitalen Transformation stellen sollte, sind:

– Wie können wir unser Unternehmen in die Welt 4.0 transformieren, ohne das laufende Geschäft zu gefährden?
– Was müssen wir in der Phase der Digitalen Transformation beachten, damit die Veränderung nachhaltig weiterwirkt und wir auf Erfolgskurs bleiben?
– Wo fangen wir an, um den größten Nutzen für unser Unternehmen zu generieren?
– Wie gehen wir vor, um unsere Mitarbeiter auf der Digitalen Reise nicht zu verlieren?
– Was müssen wir tun, um für potentielle Mitarbeiter und das Ecosystem als digital attraktiv wahrgenommen werden?

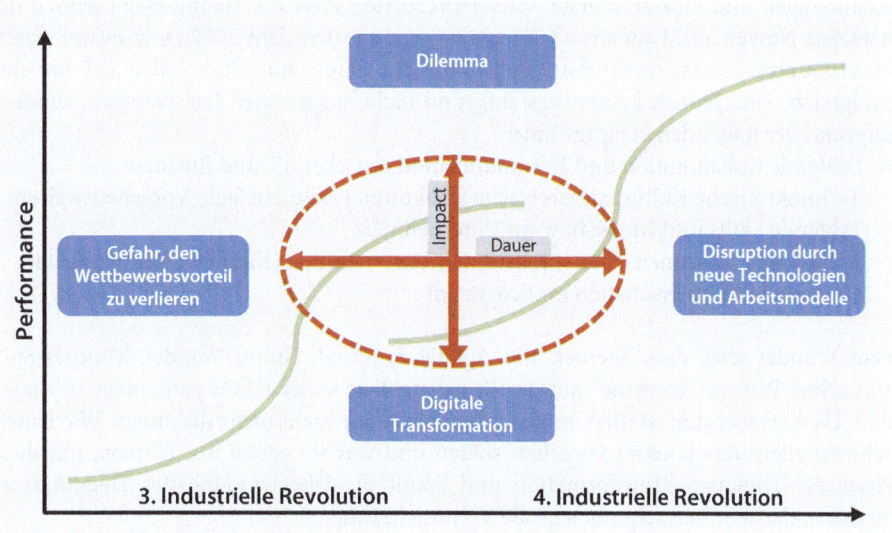

▪ **Abb. 1.3** Dilemma der Unternehmen

1

In unserer Beratungspraxis beobachten wir heute viele kleine und mittelständische Unternehmen, die unter der Flagge „Digitalisierung" Projekte ins Leben rufen. Diese Projekte haben meist das Ziel, mittels Automatisierung (3. Industrielle Revolution) die erste S-Kurve in der Abbildung noch um ein paar Prozent zu verbessern. Sie versuchen, mit bewährter Herangehensweise das letzte Quäntchen aus dem bestehenden System herauszupressen. Stattdessen sollten sie mutig ein kleines heterogenes und interdisziplinäres Team etablieren, das aus internen und externen Experten besteht. Es bekommt die Aufgabe, parallel zum Tagesgeschäft an neuen Themen zu forschen, zu experimentieren und die Resultate und Erkenntnisse über einen klar definierten Prozess ins Tagesgeschäft einzusteuern.

Größere Unternehmen haben die Skills und Mittel, separate Einheiten zu gründen, Start-ups als sogenannte Inkubatoren zu akquirieren und damit eine „Organisation der 2 Geschwindigkeiten" zu bauen. Die Kunst bei solchen organisatorischen Konzepten ist es auf der einen Seite, Erkenntnisse und Ideen der disruptiven Einheit in das bestehende Geschäft zu integrieren, sowie auf der anderen Seite dafür zu sorgen, dass der Fokus dieser Einheit nicht abdriftet. Das Medienunternehmen Ringier ist ein Paradebeispiel dafür, wie dies in kurzer Zeit gelingen kann.

Beispiel

In nur 2 Jahren hat sich das Unternehmen von einem klassischen Medienhaus zu einem technologiegetriebenen, digitalen Medienunternehmen entwickelt. Dies war in dieser kurzen Zeit nur deshalb möglich, weil für den Aufbau der Technologieplattform ein neues Team aufgebaut wurde, das selbstorganisiert mit agilen Projektmethoden an der Konzeption und Umsetzung gearbeitet hat. Im Juni 2018 gewann das Team den Global Media Award in der Kategorie „Best idea to grow digital readership or engagement", eine weltweit anerkannte Auszeichnung in der Medienbranche.

Eine weitere Kategorie von Unternehmen bewegt sich mit Vollgas in die Welt der neuen Technologien und lancieren erste, vielversprechende Projekte. Häufig bleibt jedoch der erwartete Nutzen aus. Laut einer Studie von Cisco aus dem Jahr 2017 (► www.newsroom.cisco.com/press-release-content?articleId=1847422), waren nur 26 % aller IoT-Projekte erfolgreich. Dies jedoch keineswegs aufgrund nicht ausgereifter Technologien, sondern aufgrund der folgenden Hauptgründe:

- Fehlende Kollaboration und Kommunikation zwischen IT und Business
- Technokratische Kultur, hierarchische Strukturen und nicht agile Vorgehensweisen
- Fehlende Skills und Know-how im Unternehmen
- Klassische Zusammenarbeit mit externen Unternehmen (Kunde-Lieferant) anstatt strategische Partnerschaften im Ecosystem

Kein Wunder also, dass Themen wie Agilität & Speed, Kultur-Wandel, Mindset-Shift und „New Ways of Working" auf der Prioritätenliste vieler CEOs ganz oben zu finden sind. Dass etwas getan werden muss, wird mittlerweile nicht mehr diskutiert. Wie Unternehmen allerdings konkret vorgehen sollten und was sie genau tun können, um diese Phase der Digitalen Transformation und damit die Überwindung des Dilemmas zu meistern, darüber herrscht noch große Verunsicherung.

Eines ist ganz klar: die Unternehmen, die den Sprung von der linken S-Kurve zur rechten S-Kurve in ◘ Abb. 1.3 schaffen, werden nicht nur marginal von der Welt 4.0 profitieren, sondern haben die Chance, den Unternehmenserfolg drastisch zu steigern.

1.3 Die Chancen der Unternehmen

Sobald Unternehmenslenker und deren Verantwortliche für die Digitalisierung das Dilemma erkannt haben und bereit sind, sich mit dem *Techno-Organisatorischen Transformationsmodell* sowie dem *Kompass für das Unternehmen 4.0* (vgl. ▸ Kap. 3) auf den Weg zu machen, eröffnet sich ein Blumenstrauß von neuen Möglichkeiten.

So können Hersteller von Investitionsgütern ihr Produktportfolio erweitern um Digitale Services wie beispielsweise Preventive oder Predictive Maintenance. Diese reichen von individualisierten Garantie-Vereinbarungen über spezifische Service Level Agreements bis hin zu Kundenportalen, welche den unterschiedlichen Rollen auf Kundenseite (Operator, Instandhalter, Fertigungsplaner, Entwicklungs-Ingenieur etc.) auf sie abgestimmte Informationen in Echtzeit zur Verfügung stellen. Der Operator einer Maschine kennt dann jederzeit den Gesundheitszustand der von ihm überwachten Maschinen, bekommt Alarme und kann so proaktiv die Instandhaltung informieren, bevor die Maschine ungeplant ausfällt und eine Umplanung der Fertigungsaufträge notwendig macht. Detailhändler kennen den Kundenbedarf an Ware nicht nur durch Loyalitätsprogramme, Point-of-Sales-Informationen (POS) und die Auswertung von historischen Daten, sondern auf Basis der in Echtzeit konsumierten Waren. Machine Learning Modelle und Algorithmen erkennen Muster sowie Korrelationen und treffen damit exakte Bedarfs-Vorhersagen. Die komplette Supply-Chain wird in Zukunft durch Lokalisierungs-Technologien bis auf das einzelne Produkt in Echtzeit überwacht und gesteuert. Dies bringt eine erhöhte Effizienz und trägt zur Reduktion des CO_2-Ausstosses bei.

Beispiel

So konnte die Bierbrauerei Feldschlösschen seit 2016 jährlich 50.000 gefahrene Kilometer einsparen, da sie durch den Einsatz von Internet-of-Things-Technologien genau weiß, welches Bier in welcher Menge an welchen Ort transportiert werden muss. Der Kontakt zu den Kunden konnte intensiviert werden, da Feldschlösschen den Gastronomie-Betrieben die Überwachung und automatische Befüllung der Biertanks anbietet und sie über eine Mobile Applikation informiert.

Wertetreiber und Chancen können in folgende Kategorien untergliedert werden (dabei ist zu berücksichtigen, dass der jeweilige Nutzen nicht immer eindeutig einer Kategorie zugeordnet werden kann):

- **Chancen im Kundenerlebnis**

In diese Kategorie fallen alle Aktivitäten, die in direkter oder indirekter Interaktion mit Kunden stehen. Dies können sowohl Business-to-Consumer (B2C)-, Business-to-Business (B2B)-, als auch Business-to-Business-to-Consumer (B2B2C)-Beziehungen sein. Viele Unternehmen nutzen die Dynamik der neuen Welle der Digitalisierung, um eine Strategie zu entwickeln, wie sie wieder näher an ihre Kunden kommen können. Die Umsetzung der Strategie umfasst die Definition der Kanäle, über die das Unternehmen in Zukunft mit ihren Endkunden in Kontakt treten möchte. Man spricht hier von einer Multi-Channel-Strategie. Mit Einzug von eCommerce-Plattformen wie Amazon, Zalando, Airbnb im B2C-Kontext sowie Handels-Plattformen wie Lieferanten.de im B2B-Kontext und dem veränderten Verhalten der Endkunden ging in den letzten Jahren für viele Unternehmen

1

dieser regelmäßige direkte Kontakt verloren. Mit dem Ergebnis, dass es immer schwieriger wurde, die sich immer schneller veränderten Kundenbedürfnisse zu kennen und darauf mit einem angepassten Portfolio an Produkten und Services zu reagieren.

Größere Maschinen- und Anlagenbauer wie Bühler, Bystronic oder Trumpf bieten ihren Kunden mittlerweile als Option zu ihren Produkten ein digitales Kundenportal an, über welches der Kunde auf der einen Seite Informationen über die eigene Maschine selbst bekommt (Echtzeit-Monitoring, Alarme, Wartungs-Intervalle, Ersatzteilkatalog, 3D-Modelle, Stücklisten etc.), auf der anderen Seite jedoch online speziell für dieses Produkt entwickelte Digitale Services eingekauft werden können. Diese Digitalen Services reichen von der Optimierung von Prozess-Parametern bis hin zur automatischen Bestellabwicklung von Verbrauchs-Material oder Ersatzteilen. Dies bedingt, dass sich Hersteller und Kunde über die Nutzung der von der Maschine generierten Maschinen-Daten und Prozessparameter vertraglich geeinigt haben. Wird dieser Prozess vom Hersteller intelligent gemanagt, besteht die Chance, dass das Vertrauen und die Beziehung zwischen beiden Partnern massiv gesteigert werden kann. Beide haben einen Nutzen: beim Kunden fallen die Maschinen nicht mehr ungeplant aus und die Qualität des Outputs wird verbessert. Der Hersteller kann die Daten nutzen, um seine Maschine und deren Komponenten technisch zu optimieren.

Beispiel

Das Gebäudetechnik-Unternehmen Meier Tobler hat sich zum Ziel gesetzt, in Zukunft keine Produkte mehr zu verkaufen, sondern Temperatur-als-Service. In der Vergangenheit war das Meier Tobler-Geschäft ein klassisches B2B2C-Geschäft: Meier Tobler hat z. B. seine Wärmepumpen an die lokalen Installateure verkauft, die dann die Wärmepumpen ins Gebäude des Endkunden eingebaut haben. Einen direkten Kontakt zum Endkunden gab es nur im Service-Fall. Durch Einsatz von IoT- und Analytics-Technologie sowie der Vernetzung der Wärmepumpen war es Meier Tobler möglich, einen neuen Digitalen Service genannt Smart Guard zu entwickeln und diesen den Endkunden direkt anzubieten. Smart Guard garantiert, dass die Wärmepumpe nie mehr ungeplant ausfällt. Die Wärmepumpe wird von einem Remote Servicetechniker online überwacht und einmal pro Jahr neu eingestellt. Dies senkt den Energieverbrauch und kann die Lebensdauer einer Wärmepumpe um mehrere Jahre erhöhen. Mit diesem intelligenten Schachzug hatte Meier Tobler wieder den Kontakt zum Endkunden und kann nun in Zukunft Temperatur-als-Service anstatt eines Produktes verkaufen. Meier Tobler profitiert mehrfach: mit Smart Guard entstand eine neue Umsatz-Quelle, mit Temperatur-als-Service wird ein neues Geschäftsmodell initiiert, das auf alle Produkte erweitert werden kann. Meier Tobler hat wieder direkten Kundenkontakt, kennt dessen Bedürfnisse und die Kundenzufriedenheit steigt.

■ **Chancen in Produkt- und Prozesseffizienz**

Aufgrund unseres Ausbildungssystems, unserer technokratischen Prägung und unserer großen Erfahrung mit der Optimierung von Geschäftsprozessen, steht bei vielen Digitalisierungs-Projekten das Thema Effizienz-Steigerung ganz oben auf der Agenda. Das Potential ist groß, jedoch nur dann, wenn Unternehmen nicht nur in den eigenen Grenzen denken, sondern sich Gedanken über das gesamte Wertschöpfungs-Netzwerk mit all den involvierten Partnern (Kunden, Lieferanten, Entwicklungs-Partner, Komponenten-Zulieferer etc.) machen. Schaffen es Unternehmen, im Wertschöpfungs-Netzwerk ihres Ecosystems zu denken und in einem co-kreativen

Ansatz die beteiligten Partner zu involvieren und mit ihnen zu kooperieren, dann können mit der Prozess-Effizienz-Steigerung ähnliche Dimensionen erreicht werden wie mit neuen Geschäftsmodellen oder einer besseren Kundenbindung und -zufriedenheit. Dies bedingt jedoch eine andere Haltung gegenüber den Partnern im Ecosystem, idealerweise sogar gegenüber den Wettbewerbern. Weg von Silodenken und Command-and-Control, hin zu einer vertrauensvollen Zusammenarbeit in selbstverantwortlichen, unternehmens-übergreifenden Teams. Dazu braucht es eine Einigung über die Nutzung der im Ecosystem zur Verfügung stehenden Daten und Informationen.

Bei der Effizienzsteigerung wird zwischen der am Produkt und im Prozess unterschieden:

- **Effizienzsteigerung am Produkt**

Das oberste Ziel in diesem Bereich ist es, ein digitales Abbild des Produktes über den gesamten Lebenszyklus von der Entwicklung über den Einsatz in der Produktion, der Instandhaltung bis zur Verschrottung zu schaffen. Dies wird häufig unter dem Begriff „Digital Twin" subsumiert und im RAMI4.0- Modell (Referenz-Architektur-Modell-Industrie 4.0) im Detail erläutert. Hier heißt es jedoch, Vorsicht walten zu lassen. Manche Experten nutzen den Begriff Digital Twin bereits dann, wenn das Produkt (Maschine, Anlage etc.) während der produktiven Laufzeit in der Fertigung Echtzeit-Sensorwerte liefert. Fragen Sie also lieber nochmals nach, wenn jemand vom Digital Twin spricht, was darunter genau verstanden wird. Voraussetzung für einen Digital Twin ist, dass alle Informationen über das Produkt in digitaler Form zur Verfügung stehen. Dies gilt sowohl für alle Dokumente aus der Entwicklung (3D-Zeichnungen, Stücklisten, Ersatzteil-Kataloge etc.), Planungs- und Fertigungs-/Montageaufträge in der Produktion, Echtzeit-Daten während des Betriebs (Echtzeit-Sensorwerte) sowie Instandhaltungs- und Ersatzteil-Informationen währen der Laufzeit.

Der Nutzen auf der Produkt-Hersteller-Seite kommt durch die intelligente Auswertung der zur Verfügung stehenden Daten. Schafft es ein Hersteller eines Produkts beispielsweise, die Daten der Sensorwerte kombiniert mit den Prozess-Parametern und Umgebungs-Bedingungen (Temperatur, Luftfeuchtigkeit etc.) von ihren Kunden zu bekommen, können die Entwicklungs-Ingenieure permanent an der Optimierung des Produktes oder einer Produktgruppe und dessen Komponenten arbeiten und die Erkenntnisse in kurzen Zyklen per Update beispielsweise über ein Kundenportal den Kunden zur Verfügung stellen. Mittels Machine Learning Modellen und Algorithmen können Korrelationen und Abhängigkeiten von Komponenten und deren Sensorwerten ermittelt und zur Optimierung genutzt werden. Erzeugt beispielsweise Bediener 1 in Schicht 1 einen wesentlich höheren Output mit der gleichen Maschine und denselben Einstellungen als Bediener 2 in Schicht 2, kann dies ein Hinweis sein, dass der Bediener 2 Schulungsmaßnahmen benötigt.

Aufgrund der Tatsache, dass sich in Zukunft das System, in dem sich ein Entwicklungs-Ingenieur bewegen wird, verändert, sollte man sich parallel zu den technischen Themen auch Gedanken darüber machen, ob und welche Anpassungen an der Organisationsstruktur notwendig sind. Die Entwicklungsabteilungen werden in Zukunft vermehrt Kontakt zu Endkunden sowie Stakeholdern haben, mit denen sie bisher keinen Kontakt hatten. Dies ist eine große Veränderung für die Menschen und sollte mit entsprechenden Maßnahmen begleitet werden.

1

- **Effizienzsteigerung im Prozess**

Bleiben wir beim Beispiel von Meier Tobler. Mit der Vernetzung der Wärmepumpen wurde auch der Service-Prozess optimiert. Der Remote-Servicetechniker kann mittels Fernwartung über eine sichere Datenleitung eine Diagnose des Fehlers erstellen. Er übermittelt die Informationen digital in das Service-Management-Tool, so dass der Service-Techniker im Feld weiß, was die Fehlerdiagnose ist und welches Ersatzteil er zur Reparatur mitnehmen muss. Damit fährt er heute nur noch einmal zum Kunden und nicht wie früher im Durchschnitt 2,7-mal. Dadurch werden nicht nur Kosten reduziert, sondern, ähnlich wie beim Feldschlösschen-Beispiel, auch gefahrene Kilometer gespart und damit ein Beitrag zu Nachhaltigkeit und Ökobilanz geleistet. Bei 1'400 Meier Tobler Service-Fahrzeugen nur in der Schweiz, ein nicht zu unterschätzender Nutzen.

Eine Schweizer Bank nutzt neue Technologien für die Prozess-Optimierung im Bereich Gebäude-Management. Um den Energieverbrauch von ca. 80 Immobilien zu messen und zu dokumentieren, dass die vorgegebenen jährlichen Nachhaltigkeits-Ziele erreicht wurden, brauchte es in der Vergangenheit einen großen manuellen Aufwand. Mitarbeiter mussten einmal pro Monat Wasser,- Strom,- Gas- und Öl-Zähler ablesen, die Daten manuell in ein Software-Tool übertragen, welches die notwendigen monatlichen Berechnungen und Reports generierte. In Zukunft senden die Zähler Verbrauchsinformationen selbstständig im 24-Stunden-Takt per mobilem Datennetz an eine Cloud-Lösung, die automatisch Berechnungen anstellt und Reports generiert. In der Bank ist dies ein erstes Digitalisierungs-Projekt, um dem Top-Management zu demonstrieren, wie neue Technologien funktionieren und welchen Nutzen sie haben können.

Die Herausforderung vieler Krankenhäuser ist es zu wissen, wo sich für die tägliche Arbeit von Ärzten und Pflegekräften wichtige Apparate und Geräte befinden. Dies können beispielsweise Rollstühle, Krankenbetten, Blut-Messgeräte etc. sein. Heute wird sehr viel Zeit für die Suche nach diesen Apparaten und Geräten verschwendet mit dem Ergebnis, dass die Pflegekräfte immer weniger Zeit haben, sich um den Patienten zu kümmern. Durch den Einsatz von Lokalisierungs-Lösungen (Asset Tracking), mit denen auf einer mobilen Applikation in Echtzeit der Standort dieser Apparate und Geräte ersichtlich ist, lässt sich der Prozess mit geringem Aufwand optimieren. Auch hier ist es wichtig, diese Veränderungen mit Change-Maßnahmen zu begleiten.

Weiteres Potential zur Prozess-Effizienzsteigerung durch Nutzung neuer Technologien und Arbeitsweisen findet man im Kontext Smart Factory. Sind alle Maschinen in einer Produktion vernetzt und liefern Echtzeit-Daten über ihren Zustand, wurden Schwellwerte für kritische Sensorwerte definiert (Präventive Wartung) und gibt es Machine Learning Modelle und Algorithmen für die Engpass-Maschinen (Predictive Maintenance), können die Overall-Equipment-Effectiveness (OEE) Kennzahlen wie Verfügbarkeit, Leistungs-Effizienz sowie Qualitätsrate drastisch verbessert werden. In der Smart Factory finden Qualitätsprüfungen nicht mehr manuell, sondern mittels Video-Kameras und Bildvergleich (Künstliche Intelligenz) statt. In der Serienfertigung als integrierter Teil des Fertigungsprozesses, in dem Abweichungen in Echtzeit an die Steuerung übermittelt und Maßnahmen sofort eingeleitet werden, in der Einzelfertigung als Hilfsmittel zur Erkennung von Abweichungen und Qualitäts-Mängeln. Alles Material (Roh,- Halb- oder Fertigware) und jegliche Material-Hilfsmittel (Paletten, Kisten, Container etc.) werden mittels Lokalisierungs-Technologien (Asset Tracking) in Echtzeit verfolgt, so dass jeder jederzeit weiß, wo sich welches Material befindet. Mittels Augmented-Reality-Brille bekommt der Operator einer Maschine z. B. Anweisungen, was bei einem Stillstand zu tun ist, wie eine erste Fehlerdiagnose aussieht oder der Instandhalter bekommt zusätzliche hilfreiche Informationen zur Reparatur einer Maschine. Sollte er nicht weiterkommen, kann er via integrierter Video-Konferenz-Lösung Kollegen aus der Entwicklungs-Abteilung oder vom Hersteller hinzuschalten, die dann sehen, was er sieht und Tipps zur Reparatur geben. Wo in der Welt die Kollegen sind, ist egal.

Echtzeit-Monitoring und Tracking von Produkten und Materialien, Lokalisierung von End-Produkten und Transportmitteln, Flotten-Management oder Routenoptimierung sind Beispiele aus der Logistik und externen Supply Chain. Dabei ist es wichtig zu verstehen, dass viele dieser Anwendungsfälle bereits in der 3. Industriellen Revolution möglich waren. Der Unterschied zur 4. Industriellen Revolution ist der Fakt, dass die Umsetzung der oben beschriebenen Beispiele nur noch einen Bruchteil der Zeit in Anspruch nimmt und die Kosten teilweise 70–80 % geringer ausfallen. Dies zum einen aufgrund des Preisverfalls von Sensoren, der mobilen Datenübertragung, Datenspeicherung und zum anderen da die notwendigen Software-Tools als Managed-Service aus der Cloud zur Verfügung gestellt werden. Damit entfallen Infrastrukturkosten wie Hardware, Software-Lizenzen sowie Betriebskosten.

▪ Chancen durch neue Geschäftsmodelle

Die Königsdisziplin der 4. Industriellen Revolution ist die Identifikation und Realisierung neuer Geschäftsmodelle, die den Markt disruptieren. Damit können sich Unternehmen von ihren Wettbewerbern differenzieren und einen nachhaltigen Wettbewerbsvorteil schaffen, der ihnen Wachstum und das Überleben garantiert. Plattformen und Ecosysteme werden die Basis vieler neuer Geschäftsmodelle bilden und entwickeln sich somit zum Wachstumsmotor der Zukunft. Im Business-to-Consumer-Bereich sehen wir diese Entwicklung bereits seit einigen Jahren. Uber veränderte den Taxi- und Mobilitäts-Markt, Airbnb oder Booking.com das Hotel-Gewerbe und Amazon sowie Alibaba sind dabei, die globale Plattformen für den Einkauf aller nur erdenklichen Produkte zu werden.

Beispiel

Ein Beispiel aus der Schweiz ist die Firma Stromer (eBikes) und die Firma Smide (eBike Mobility): Im Jahr 2014 hat die Firma Stromer aus ihren eBikes „Connected Bikes" gemacht, indem sie in die Steuerung der eBikes SIM-Karten für die Echtzeit-Übertragung von Daten verbaut hat. Der erste Anwendungsfall war Diebstahlsicherung. Hat ein Besitzer eines Stromer eBikes dieses als gestohlen gemeldet, konnte es geortet und die Bremsen remote blockiert werden. Das Start-up Smide aus Zürich hat auf Basis dieser Technologie und der zur Verfügung stehenden Daten gemeinsam mit Stromer einen eBike-Verleihservice lanciert. Einzig eine neue mobile Applikation zum Orten, Registrieren und zum Bezahlen musste entwickelt werden. Auf Basis der Stromer-Daten-Plattform und der Remote-Verbindung zu jedem eBike, konnte der eBike-Verleihservice innerhalb kurzer Zeit ins Leben zu rufen.

Was können wir für den Business-to-Business-Markt daraus ableiten? Begeben sich Unternehmen auf die Suche nach neuen Geschäftsmodellen, sollten sie weiterdenken als „vom Produkt zur Lösung" oder „vom Produkt zum Service". „Design-for-Service" in der Produktentwicklung ist heute ein Muss, da Kunden in Zukunft von jedem Produkt

1

erwarten, dass es vernetzt ist, Daten generiert und optional gekauft oder als Service konsumiert werden kann. Wir werden im Investitionsgüter-Markt in Zukunft sogenannte Daten-Marktplätze kommen sehen, welche den Zweck haben, z. B. Maschinen- oder Prozessdaten von Maschinen zum Kauf anzubieten (1:1 oder 1:n). Potentielle Käufer in einer 1:1-Beziehung könnten Sach-Versicherungen sein, die auf Basis der zur Verfügung stehenden Daten kundenspezifische, dynamische Versicherungs-Modelle anbieten können oder Banken, die die Daten für neue Finanzierungsmodelle nutzen. Potentielle Käufer in einer 1:n-Beziehung könnten Baugruppen-Hersteller, Hersteller ähnlicher Produkte oder sogar Wettbewerber sein. Der Daten-Marktplatz übernimmt dabei die Funktion der Vermittlung sowie des Geldflusses.

Dies wird eine riesige Auswirkung auf die Struktur von Organisationen sowie den Fähigkeiten der Menschen, die in solchen Netzwerken agieren, haben. Denken Sie also auch hier ganzheitlich in den Dimensionen Technik, Organisation und Mensch.

■ **Chancen-Realisierung im Fokus**

Dies sind nur einige Beispiele als Impuls zur Erweiterung des Denkraumes. Es könnten noch unzählige weitere Anwendungsbeispiele und dem damit verbundenen Nutzen erläutert werden. Wir möchten es jedoch der Fantasie und Kreativität der Unternehmen überlassen, die Anwendungsbeispiele zu identifizieren, die den größtmöglichen Vorteil versprechen.

Wenn Unternehmen also über neue Geschäftsmodelle nachdenken oder diese in co-kreativen Ansätzen identifizieren wollen, sollten sie unbedingt im gesamten Ecosystem denken. Das fällt vielen Unternehmen noch relativ leicht. Schwerer tun sich Unternehmen beim Etablieren von neuen Organisationsstrukturen, Arbeitsweisen oder beim Umdenken zu einem veränderten Führungsverständnis. Die Transformation in die Welt 4.0 fordert viel von ihnen ab: eine tiefgründige Auseinandersetzung der Daseinsberechtigung des Unternehmens, mit uns selbst, mit unseren Denkmustern und mit unserem Menschenbild. Genau das sind Unternehmen nicht gewohnt. Wollen Unternehmen sich nicht nur mit einem kleinen Teil der Welt 4.0 begnügen, sondern den vollen Schatz heben, so lohnt sich eine umfassende Neuausrichtung.

Wir wollen an dieser Stelle noch einen Appell an alle Führungskräfte richten: Wenn ihnen ihr CEO den Auftrag erteilt, sie sollen Prozesse digitalisieren und eine agile Organisation aufbauen, seien sie mutig und fragen zurück, was genau für den CEO Digitalisieren und Agilität bedeutet. Soll weiter auf der linken S-Kurve (3. Industrielle Revolution) optimiert werden, oder der Sprung auf die rechte S-Kurve gewagt werden (4. Industrielle Revolution)? Soll die hierarchische Struktur und das Führen nach „Command & Control" beibehalten werden oder darf mit agilen Organisationsstrukturen und einer veränderten Haltung zum Führen experimentiert werden? Gibt es ein gemeinsames Verständnis vom Zielzustand der neuausgerichteten Organisation? Wir beobachten viele Unternehmen, die mit der Denk- und Herangehensweise der Welt 3.0 die Digitalisierung vorantreiben. Sie setzen teure Initiativen auf und kaufen weiter Software-Tools für die Prozessoptimierung in der Welt 3.0, anstatt mutig mit einem experimentellen und iterativen Ansatz den Schritt in die Welt 4.0 zu wagen, in der es viel effizientere Möglichkeiten gibt. Aus unserer Sicht ist es schwierig, die Haltung der Mitarbeiter zu ändern („werdet agil"), ohne die entsprechenden Rahmenbedingungen in Bezug auf Organisationsstruktur und Führung zu schaffen.

In den beiden nächsten Kapiteln will dieses Buch Impulse geben für diese Neuausrichtung. Dabei ist wichtig zu verstehen, dass es kein Generalrezept für alle Unternehmen gibt. Vielmehr muss sich jedes Unternehmen der eigenen momentanen Situation bewusst sein, den bisherigen Zweck überprüfen und in einem iterativen Prozess in Kooperation mit allen relevanten Unternehmensteilen und Partnern an der Umsetzung arbeiten. Haben sie die technischen, organisatorisch-strukturellen sowie menschlichen Möglichkeiten verstanden, können sie – wie in einem Baukastensystem – genau die Komponenten nutzen, die zu ihrem Unternehmen am besten passen.

Literatur

Bundesministerium für Verkehr, Innovation und Technologie (2018) Industrie 4.0 – Zukunft der Produktion. Übersicht der industriellen Revolutionen. ▶ https://www.bmvit.gv.at/bilder/innovation/fdz/industrie.jpg. Zugegriffen: 27. Aug. 2018
Cisco (2017) Studie keys to IoT success. ▶ https://newsroom.cisco.com/press-release-content?articleId=1847422. Zugegriffen: 6. Juli. 2018
Wikipedia (2018) Definition Digitalisierung. ▶ https://de.wikipedia.org/wiki/Digitalisierung. Zugegriffen: 5. Aug. 2018

Techno-Organisatorische Transformation

© Springer Fachmedien Wiesbaden GmbH, ein Teil von Springer Nature 2019
R. Günthner, D. Dollinger, *Hirn 1.0 trifft Technologie 4.0,* https://doi.org/10.1007/978-3-658-23904-6_2

2

2.1 Unternehmen 4.0

Was macht ein Unternehmen zu einem Unternehmen 4.0? Um einen ersten Einblick zu geben, wird diese Frage aus unterschiedlichen Perspektiven beleuchtet:

- **Metaperspektive**

Aus der Metaperspektive betrachtet ist das Unternehmen 4.0 ein Ort (physisch oder virtuell), an dem sich Menschen treffen, um gemeinsam in Richtung eines sinnvollen Unternehmenszwecks zu wirken. Es ist ein gesundes System mit gesunden Mitarbeitern. Es nutzt neue technologische und organisatorische Möglichkeiten und Konzepte, um sich sowohl nach Innen weiter zu optimieren, als auch neue Geschäftsmodelle, Produkte und Services für den Markt zu entwickeln. Alle Aktivitäten sind auf den Kunden und dessen Bedürfnisse ausgerichtet. Mitarbeiter identifizieren sich mit dem Zweck des Unternehmens und bringen mit Freude ihr Potential ein. Kreativität und die Entwicklung neuer Ideen sind gewünscht, da daraus Innovation entsteht, die das Unternehmen 4.0 wettbewerbsfähiger macht. Die Zusammenarbeit ist vertrauensvoll, wertschätzend und es herrscht größtmögliche Transparenz auf Unternehmensebene (z. B. Zahlen, Daten, Fakten, Marktherausforderungen), Teamebene (z. B. Teilen von Informationen, Projektstatus, Entscheidungen) sowie Mitarbeiterebene (z. B. Teilen von Gemütszuständen, Einbringen von Ideen). Die Kooperation über Funktions- und Unternehmensgrenzen hinweg ist in der DNA des Unternehmens verankert. Entscheidungen werden dort getroffen, wo sie zur Weiterführung einer Aktivität notwendig sind, unabhängig von Hierarchien. Führungskräfte verstehen sich als Befähiger und Coach ihrer Mitarbeiter. Sie sind Prozessbegleiter und führen mit Fragen anstatt sofort eigene Lösungen anzubieten. Sie lenken die Energie dahin, wo sie am nötigsten gebraucht wird. Der Unternehmenserfolg steigt signifikant, da sich das Unternehmen 4.0 regelmäßig selbst hinterfragt und aus gemachten Fehlern lernt. Dies wird durch einen eingebauten Reflexions-Lern-Mechanismus sichergestellt.

- **Kundenperspektive**

Das Unternehmen 4.0 arbeitet mit Kunden nicht mehr im klassischen Kunden-Lieferanten-Verhältnis (top-down), sondern in einer partnerschaftlichen Kooperation auf Augenhöhe. Alle Prozesse sind auf den Kunden ausgerichtet, so wird dieser z. B. von Beginn an in den Produkt-Lebenszyklus integriert. In co-kreativen Workshops werden gemeinsam disruptive Ideen generiert, welche die neuen technologischen Möglichkeiten nutzen. In einem iterativen Entwicklungsprozess kann der Kunde jederzeit Feedback geben oder direkt an spezifischen Entwicklungsarbeiten beteiligt sein. Während der Kommerzialisierung des neuen Produktes oder Services unterstützt der Kunden mit seinen Markt-Erfahrungen. Ist das Produkt am Markt, werden Daten des vernetzten Produktes im Ecosystem geteilt, sodass jeder Teilnehmer des Ecosystems seinen Nutzen daraus ziehen kann. Kundenzufriedenheit wird nicht durch anonyme Fragebögen erhoben. Das Kundenverhalten wird analysiert und mittels persönlicher Gespräche kombiniert mit Daten (z. B. aus den Social Media) ausgewertet. Somit werden Muster erkannt und es können zielgerichtete Maßnahmen abgeleitet werden.

■ **Mitarbeiterperspektive**

Im 4.0-Unternehmen geht es nicht mehr darum, dass Mitarbeiter und Führungskräfte wie eine Maschine funktionieren und formale, sich immer wiederholende, mit Regeln behaftete Standard-Prozesse abwickeln. Um sich den immer schneller verändernden Rahmenbedingungen (Markt, Regulierung, Politik etc.) anzupassen sowie die ansteigende Komplexität zu beherrschen, wäre es sinnvoll, den Menschen zu ermöglichen, ihre Fähigkeiten einzubringen. Reinhard K. Sprenger spricht von der „Wiedereinführung des Menschen in die Unternehmen". Mitarbeiter haben vermehrt andere Bedürfnisse, wenn sie sich für ein Unternehmen als Arbeitgeber entscheiden. So haben Mitglieder der „Generation Z" (zwischen 1995 und 2010 geboren) einen höheren Anspruch an Selbstbestimmtheit bei der Arbeit, streben nicht nach der klassischen Karriere nach dem Leistungsprinzip und sind nicht mehr bereit, sich für einen Arbeitgeber „aufzuopfern".

Mitarbeiter erwarten von einem Unternehmen 4.0, dass sie ihr Potential in die von ihnen eingenommenen unterschiedlichen Rollen einbringen können. Sie wollen sich mit dem Zweck des Unternehmens 4.0 identifizieren und einen Sinn dahinter erkennen. Die subjektiv empfundene Balance zwischen Freiheit und Zugehörigkeit muss für sie stimmig sein. Es herrscht eine Atmosphäre des Vertrauens und der gegenseitigen Wertschätzung. Für ihre Rollen relevante Entscheidungen werden im Team getroffen, ohne jedes Mal den Weg über die Hierarchien gehen zu müssen. Selbstorganisation und Selbstverantwortung sind zur Normalität geworden. Die Einteilung der Arbeit obliegt dem Mitarbeiter oder dem Team. Eigene Ideen zur Prozessoptimierung oder für neue Produkte bzw. Services können jederzeit generiert und bis zu einem gewissen Grad (Minimum Viabel Product) in Eigeninitiative initiiert und umgesetzt werden. Die Führungskraft entwickelt sich zum Mentor und Coach, der den Mitarbeitern dient. Mit ihr können neue Ideen diskutiert, kritisch beleuchtet und reflektiert werden.

Deshalb wird die Personalarbeit – die Arbeit mit den Menschen – zur wichtigsten Triebfeder der Digitalen Transformation.

2.1.1 Dilemma in der Digitalen Transformation

Unternehmenslenker stehen während der Transformation vor der Herausforderung, auf der einen Seite das laufende Geschäft weiter zu bedienen (linke S-Kurve in ◘ Abb. 1.3) und auf der anderen Seite den Anschluss bzgl. neuer Technologien und Arbeitsweisen nicht zu verpassen (rechte S-Kurve in ◘ Abb. 1.3). Das Ganze soll dann auch noch so gesteuert und gemanagt werden, dass die Unternehmens-Performance nicht darunter leidet. Es dürfen keine zusätzlichen Kosten verursacht und der budgetierte Umsatz nicht gefährdet werden. Ein echtes Dilemma!

Zu Beginn der Transformation funktionieren Unternehmen noch nach den Spielregeln und dem Basisverständnis der bisherigen Welt 3.0. Wir wollen aber ein System mit neuen Spielregeln und mit einem neuen Basisverständnis werden. Nur wie? Denn als die meisten Ingenieure, Betriebswirtschafter oder Informatiker ausgebildet wurden, die heute an den entscheidenden Positionen sitzen, ging es darum, die Welt 3.0 zu verstehen und zu optimieren. Eine Welt 4.0 und die Transformation in diese war nicht existent, somit auch nicht Themen wie Organisationsentwicklung, Potentialentfaltung, Menschenbild oder Musterbrechen. Daher ist es ganz logisch, dass wir meist von der technischen Perspektive kommen. Diese als Treiber der Neuausrichtung zu nutzen

2

macht Sinn. Der reine Blick auf die Technik versperrt uns allerdings den Blick für die Hürden. Wenn wir die Dimension Organisation und die Dimension Mensch nicht oder nur kaum berücksichtigen, werden wir scheitern. Die Unternehmen, die alle drei Dimensionen ausbalancieren und die eigenen Mitarbeiter bei diesem Wandelprozess mitgestalten lassen, haben eine gute Chance, „smooth" durch den Wandel gehen.

2.1.2 Typische Hürden bei der Umsetzung

Im Rahmen unserer Beratungspraxis nehmen wir am Markt wahr, dass Unternehmen meist das Bewusstsein dafür fehlt, dass das Effizienzdenken von heute den Innovations-möglichkeiten von morgen im Wege steht. Sie sind zwar optimal aufgestellt für das, was sie gerade tun – aber nicht für das, was sie morgen tun wollen. Bewährte Methoden und die bisherige Unternehmenskultur passen zur Welt 3.0 (Automatisierung), nicht aber in die Welt 4.0, sprich dem Zeitalter der Vernetzung. Pauschale Parolen und Initiati-ven in Richtung Speed oder Agilität verpuffen an der Oberfläche und schüren Ängste. Leistungs- und Wissensträger in Unternehmen sollen neben dem Tagesgeschäft noch Digitalisierungs-Projekte vorantreiben, um den Anschluss an die Wettbewerber nicht zu verpassen. Unter dieser operativen Hektik und dem erhöhten Druck von oben leiden die Mitarbeiter. Sie sind überlastet, frustriert und werden immer häufiger krank. Auf der Führungsebene machen sich bewusste oder unbewusste Ängste breit, denn es drohen Interessens- und/oder Machtverschiebungen.

▪ Gefangen im Autopilot

Wie schon erwähnt, sind wir mit den Spielregeln der Welt 3.0 aufgewachsen und erfolgreich geworden. Das ist es, was wir in den Unternehmen kennen und können. Über die Jahre werden aus den erlebten Spielregeln festgefahrene Denkmuster. Es wird zu unserer DNA, fest verankert im Unternehmen, in unserem Hirn und so in unserem Verhalten. Wir reagieren ohne bewusstes Denken, sind gefangen im Autopilot.

Beispiel

Ein Unternehmen hat sich gemeinsam mit der Geschäftsleitung auf den Weg gemacht, ein neues Zielbild zu entwickeln und neue Erfolgsfaktoren daraus abgeleitet. Die technischen Möglichkeiten wurden evaluiert und erste Pilotprojekte initiiert. Auf dem weiteren Weg der Umsetzung sackten die Zahlen in den Keller. Was tun? Der Aufsichtsrat holte ohne Absprache mit der Geschäftsleitung eine Strategieberatung ins Haus, die eine vergangen-heitsorientierte Analyse machte. Ihre Lösung war ein Sparprogramm. Dieses rollt aktuell wie eine Welle durchs Unternehmen. Offene Stellen werden nicht besetzt, Gehälter ein-gefroren, Weiterbildungen storniert, die technischen Pilotprojekte gestoppt und noch Vie-les mehr. Die Maßnahmen zur Neuausrichtung für die Zukunft liegen entweder komplett „on hold" oder werden teilweise als „U-Boot" auf Sparflamme weitergeführt. Führungs-kräfte sind verunsichert, Mitarbeiter sind frustriert, die Geschäftsleitung fühlt sich hinter-gangen. Keiner weiß, ob der Sparkurs ein wichtiges finanzielles Durchschnaufen ist. Keiner weiß, ob das Unternehmen wirklich den Sprung in die Welt 4.0 geschafft hätte. Was aber gewiss ist, der Energielevel während der Neuorientierung war sehr hoch, nun ist er in der gesamten Belegschaft abgesackt.

- **Angst vor Kontrollverlust und Jobverlust**

Die Welt 4.0 wird so viel Veränderung bringen, wie noch keine Industrielle Revolution zuvor. Hinter massiven Veränderungen steckt immer das Risiko, dass sich Führungskräfte und Mitarbeiter bedroht fühlen. Sie wissen nicht, was auf sie zukommt. Sie wissen nicht, ob sie nach den Veränderungen als Gewinner oder Verlierer dastehen werden. Diese Unsicherheit führt zu Angst und stresst unser Denken, somit auch unseren Körper. In Unternehmen führt diese Unsicherheit zu Blockaden im Denken und im Handeln. Wir beobachten viele Unternehmen, die in eine Art „Schockstarre" verfallen sind. Die Unternehmensleitung ignoriert den Fakt, dass wir in einem massiven Wandel stecken und tut so, als ob sie das alles nichts anginge. Typische Aussagen sind dann: „Das Gerede um Digitalisierung ist ja eh wieder nur so ein Hype, der vorbeigehen wird.", oder auch „Uns geht es doch gut. Warum sollen wir etwas ändern?". Führungskräfte fürchten Machtverlust, da in agilen Organisationsmodellen das typische Managen von Mitarbeitern einer neuen Art des Führens weichen wird. Mitarbeiter machen sich Gedanken darüber, ob ihre Stelle mit der fortschreitenden Digitalisierung und Automatisierung noch benötigt wird. All diese Ängste hindern Unternehmen daran, mutig und mit einem klaren Zielbild in die Zukunft zu blicken und diese proaktiv zu gestalten.

- **Festhalten am Berater des Vertrauens**

Es ist ein völlig nachvollziehbares Verhalten, dass wir uns gerne mit Menschen und somit auch Beratern umgeben, mit denen wir gut können, die uns nicht „weh tun", mit denen sich die Zusammenarbeit bewährt hat. Sich technisch weiterbilden, das geht noch relativ einfach. Aber passen die bisherigen Berater wirklich zu unserem Zielbild? Verkörpern sie wirklich die Welt 4.0, deren Mindset sowie deren veränderte Herangehensweise? Sind sie in der Lage, ganzheitlich über Silos und Unternehmensgrenzen hinweg zu denken? Können sie unsere Veränderungen mittragen? Können sie unsere Führungskräfte und Mitarbeiter auch in der Zukunft inspirieren?

An dieser Stelle möchten wir nochmals erinnern, dass die meisten Digitalisierungsprojekte aktuell noch immer Projekte der Automatisierung sind, sprich eine Optimierung der Welt 3.0. Die Beratungshäuser sind also keineswegs grundsätzlich als Hürde zu verstehen. Wer als Berater seine Kunden bei dem Sprung in die Welt 4.0 jedoch begleiten möchte, der sollte selbst bereits die Merkmale der Welt 4.0 leben, beruflich wie privat.

- **Passendes Timing**

Woher wissen Unternehmen, wann es Zeit ist, sich dem Dilemma zu stellen und auf die 2. Kurve zu springen? Diese Frage kann mittlerweile ganz klar und eindeutig beantwortet werden: wollen Unternehmen den Anschluss an den Markt nicht verpassen, sollten sie JETZT zum Sprung ansetzen. Noch ein paar Jahre zu warten, wäre fahrlässig und könnte dazu führen, dass Unternehmen im globalen Wettbewerb zurückfallen. Ob es gelingt, die Lücke jemals wieder zu schließen, ist fraglich. ◻ Abb. 2.1 zeigt die erwarteten exponentiellen Wachstumschancen für Unternehmen 4.0 und die drohende Wachstumsdenkfalle für die Unternehmen, die in der Welt 3.0 verharren.

Unternehmen sollten sich Schritt für Schritt an die neuen Technologien, Organisationsmodelle sowie die Potentialentfaltung der Mitarbeiter herantasten. Dabei sollte das Experimentieren im Vordergrund stehen. Da wir alle nicht wissen, wohin uns die digitale Reise führen wird, macht es wenig Sinn, zunächst umfangreiche

2

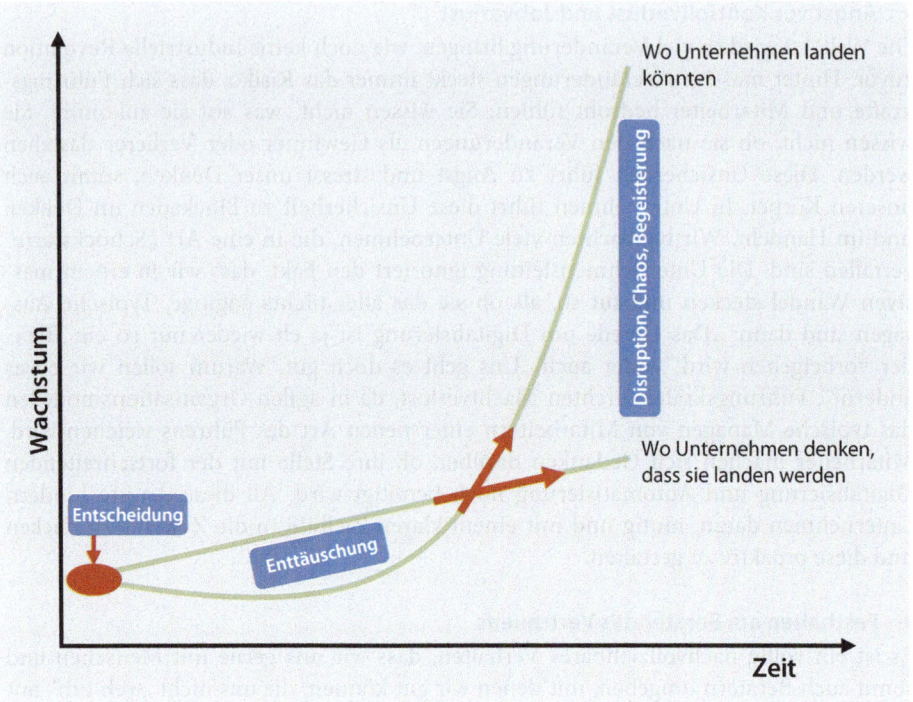

○ **Abb. 2.1**   Auswirkung der exponentiellen Veränderungsgeschwindigkeit

digitale Strategien und Konzepte zu entwickeln. Unternehmenslenker sollten mutig sein, kleine interdisziplinäre Teams aus internen Kollegen und externen Prozessbegleitern zusammenstellen und diesen Teams den Freiraum geben, Dinge auszuprobieren. Die Erfahrungen und Erkenntnisse fließen idealerweise über einen Reflexionsprozess zurück ins Unternehmen und es entsteht ein kontinuierlicher Lernprozess.

2.1.3 Hilfreiche Fragen für die Transformation

Fragen für die Neuausrichtung
- Wie sieht unser Bild von unserer Zukunft aus?
- Von welcher organisatorischen DNA sind wir geprägt?
- Welche Denkmuster müssen wir aufgeben bzw. welche Verhaltensreflexe sollten wir lernen?
- Was ist unser eigenes Rezept für die erfolgreiche Digitale Transformation?
- Wie schaffen wir eine integrative techno-organisatorische Denkweise?
- Wie schaffen wir eine agile Organisation mit veränderungsbereiten und resilienten Mitarbeitern, die Freude an der ‚smarten' Arbeit haben?
- Wie können wir auf der einen Seite Bestehendes erhalten und auf der anderen Seite Neues erschaffen?

- Wie sieht unser Modell des „Unternehmen der 2 Geschwindigkeiten" aus?
- Wie schaffe ich es, ein attraktives Unternehmen zu werden, um im Kampf um die besten Talente zu bestehen?

Fragen für neue Geschäftsmodelle
- Welchen „Pain" werden unsere Kunden heute und in Zukunft haben?
- Wer könnten unsere Ecosystem-Partner sein?
- Wie können wir diesen „Pain" mit Unterstützung von unseren Ecosystem-Partnern lösen?
- Wer im Ecosystem hat welche relevanten Daten und Informationen zur Lösung des „Pains"?
- Wie kann eine Kooperation mit unseren Ecosystem-Partnern aussehen?
- Welche Business-to-Business-Plattform wird für unser Geschäft relevant?
- Wollen wir der Treiber des Plattform-Aufbaus sein?

Fragen für die Transformation
- Wie gehen wir an diese riesige Aufgabe heran?
- Wo fangen wir an?
- Was sind die konkreten ersten oder nächsten Schritte?
- Welche internen Ressourcen brauchen wir für die erfolgreiche Umsetzung der Strategie?
- Wie können wir unsere Mitarbeiter weiterbilden?
- Mit welchen strategischen Partnern wollen wir zusammenarbeiten?
- Wer im Ecosystem hat die erforderlichen Skills und Erfahrungen?
- Und nicht zuletzt: Wie finanzieren wir diese Digitale Transformation?

2.1.4 Wirkungsvolle Ansätze für den Wandel

■ Das Techno-Organisatorische Transformationsmodell

Einer der wichtigsten Erfolgsfaktoren der digitalen Transformation ist ein ganzheitlicher und interdisziplinärer Ansatz. In unserer Beratungspraxis sehen wir viele Unternehmen, in denen einzelne Unternehmensbereiche unabhängig voneinander Digitalisierungsprojekte initiieren. Technische Projekte sind in sich abgeschlossen und häufig auf unterschiedlichen Cloud-Plattformen umgesetzt. Pilotprojekte mit agilen Organisationsmodellen werden in isolierten Teams umgesetzt. Initiativen zur persönlichen Entwicklung von Führungskräften und Mitarbeitern gehen nicht Hand in Hand mit technischen oder organisatorischen Initiativen. Die „Silos" erkennen jedoch erst spät, welche Zusammenhänge zwischen den Dimensionen (Technik, Organisation, Mensch) bestehen und welche negativen Auswirkungen es haben kann, wenn diese vernachlässigt werden. Das hat uns dazu ermutigt, einen techno-organisatorischen Ansatz für die Transformation zu entwickeln, der bei der Umsetzung von Digitalisierungsvorhaben genutzt werden sollte. Das *Techno-Organisatorische Transformationsmodell* unterstützt bei der Definition eines digitalen Vorhabens sowie der Umsetzung von digitalen Projekten, indem er alle Dimensionen und deren spezifische Merkmale verknüpft. Mit ihm können Unternehmen identifizieren, welche Elemente für die Umsetzung eines „Use Cases" berücksichtigt werden sollten und wie sich diese

2

miteinander verzahnen. Damit ist dieser Ansatz ein Transformationsmodell, sozusagen das gemeinsame Verständnis der Digitalisierung. Es unterstützt, das Silodenken aufzubrechen, sei es innerhalb Unternehmensgrenzen oder im Ecosystem. Somit wird mit einer ganzheitlichen Sichtweise an Digitalisierungsprojekte herangegangen. Die involvierten Abteilungen und Ecosystem-Partner haben das gleiche Verständnis und Missverständnisse können dadurch reduziert werden. Die Umsetzung wird schlanker, schneller und mehr Projekte werden erfolgreich realisiert. ◘ Abb. 2.2 zeigt die Dimensionen der ganzheitlichen und integrativen Herangehensweise nach dem *Techno-Organisatorischen Transformationsmodell*.

Ziel dieses Ansatzes ist es, Unternehmen auf dem Weg zu Agilität & Speed, Potential & Resilienz sowie Kreativität & Innovation zu unterstützen. Cloud-Technologien und Datensicherheit bilden die Basis, das Backbone, der digitalen Transformation. Digitalisierungsprojekte sollten in folgender Reihenfolge initiiert werden: am Anfang steht das Kundenbedürfnis. Da sich die Bedürfnisse des Marktes mit immer größerer Geschwindigkeit verändern, bedarf es einer agilen, sich selbst steuernden Organisation, die die Bedürfnisse schnellstmöglich erkennt und in Produkte oder Services umsetzt. Für die Umsetzung braucht es Menschen, die ihre volle Innovationskraft einbringen und sich an die schnell veränderten Rahmenbedingungen anpassen. Technologie dient als Enabler für diesen Zyklus, der sich ständig wiederholt.

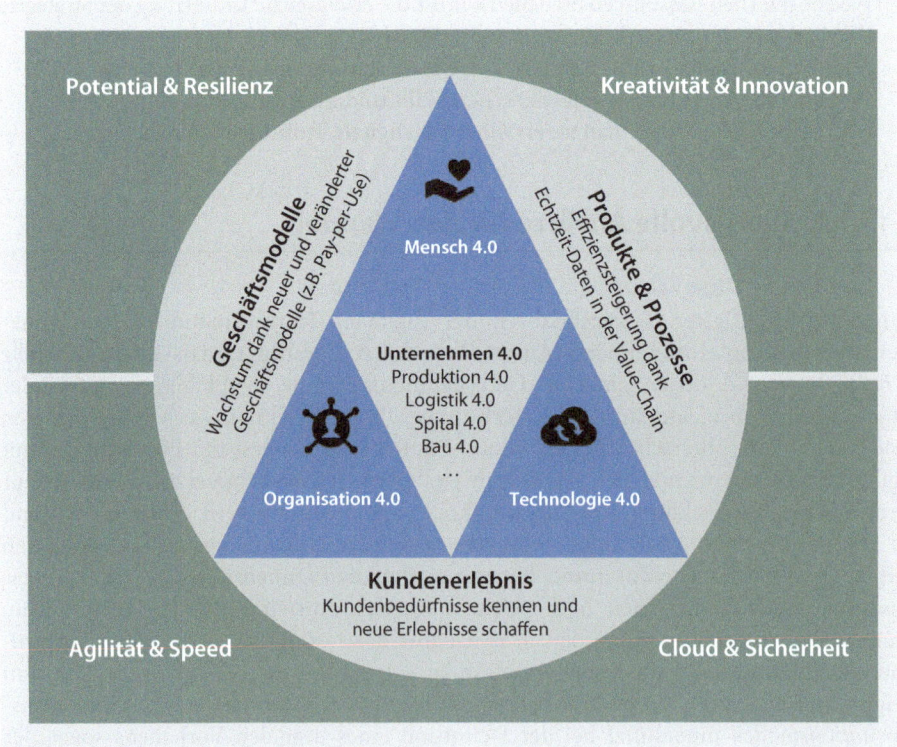

◘ **Abb. 2.2** Techno-Organisatorisches Transformationsmodell

■ Von der starren zur agilen Organisation

Die heute noch sehr verbreiteten hierarchisch und funktional strukturierten Unternehmen sind für die Welt 3.0 optimiert. Sie sind zu starr, um auf schnelle Veränderungen des Markts reagieren zu können. Das Engineering hat die Verantwortung für die Produktentwicklung, die IT die Verantwortung für die Daten und Software-Tools, die Personalabteilung für Mitarbeiter und die Organisationsentwicklung. Deshalb ist es auch nur zu verständlich, dass digitale Initiativen mit unterschiedlichem Fokus aus den „Silos" entstehen, welche nur sehr selten aufeinander abgestimmt sind. Das Engineering überlegt sich, welche neuen „Features und Functions" mithilfe der neuen Technologien in die Produkte integriert werden können. Die Produktion macht sich Gedanken über die Verbesserung von Maschinen-Verfügbarkeit sowie Qualität und Geschwindigkeit im Produktions-Prozess. Die IT denkt darüber nach, welche Tools (Infrastruktur, Software, agile Projektmethoden) es in Zukunft braucht, um all die Daten zu speichern und zu verarbeiten (Big Data & Analytics). Und die Personalabteilung bekommt meist den Auftrag, die Organisation agiler und schneller zu machen. Unternehmen, die erkannt haben, dass es eine koordinierende Rolle für die Digitalisierung braucht, ernennen häufig einen „Chief Digital Officer (CDO)". Dieser bekommt die Verantwortung, digitale Initiativen zu bündeln, zu priorisieren und voranzutreiben. Aus unserer Sicht ist dies ein guter erster Schritt, jedoch mit einer zweifelhaften Message an die Mitarbeiter. Diese können sich nun bequem zurücklehnen und auf das Alltagsgeschäft fokussieren, da der CDO jetzt für die Digitalisierung verantwortlich ist. Diese Haltung schwächt jedoch die Wirkung eines CDOs massiv. Vielmehr sollte das Ziel der digitalen Transformation sein, dass sich jeder einzelne Mitarbeiter für die Digitalisierung des Unternehmens verantwortlich fühlt. Das wird nur dann möglich sein, wenn zusätzlich zu der Ernennung eines CDOs Maßnahmen eingeleitet werden, die die Mitarbeiter ermutigen und befähigen, die Digitale Transformation mitzugestalten.

■ Der Mensch im Fokus des Wandels

Die meisten Unternehmen befinden sich heute noch in der Welt 3.0. In dieser von Automatisierung und Effizienz geprägten Welt geht es in erster Linie darum, die für die zugeteilte Aufgabe nötigen fachlichen Skills und Software-Tools zu erlernen. Der Mensch steht in der Regel nicht im Vordergrund. Er wird vor allem als eine Ressource zur Erfüllung der Effizienzvorgaben betrachtet. So werden mit ERP (Enterprise Resource Planning) – Systemen wie SAP, proALPHA, Oracle, Infor etc. neben den Ressourcen Arbeitsplatz, Werkzeug oder Fertigungshilfsmittel auch die Zeit – also der Mitarbeiter – beplant. Ob Mitarbeiter mit ihrem Arbeitsumfeld zufrieden sind, wird im besten Fall ein- bis zweimal pro Jahr mittels Mitarbeiterumfrage als „Schnappschuss" abgefragt. Die Leistung wird mittels „Performance Management Tools" ermittelt und in einem 1:1 Mitarbeiter-Führungskraft-Gespräch bewertet. Die vorherige Zuteilung von Quoten für hervorragende oder schlechte Leistungen pro Team verhindert dabei eine ehrliche und offene Beurteilung, was oftmals zu Demotivation und innerer Kündigung führt. Um das volle Potential der Mitarbeiter zu nutzen, sollte diese auf Effizienz ausgerichtete Praxis überdacht und angepasst werden. Wie würden Unternehmen wohl aussehen, wenn wir wieder mehr Menschlichkeit erlauben, den Menschen als Ganzes betrachten, ihn mit all seinen Stärken und Schwächen akzeptieren und seine Talente fördern würden?

Kern der 4. Industriellen Revolution ist die Vernetzung. Vernetzung bedeutet in diesem Kontext nicht nur die technische Vernetzung von Dingen mithilfe neuer

Technologien wie dem Internet der Dinge. Es bedeutet vor allem die Vernetzung von Menschen in Unternehmen sowie innerhalb des Ecosystems. Nur der Mensch mit seinen Fähigkeiten ist in der Lage, die zunehmende Komplexität in der Welt 4.0 zu meistern. Die Unternehmen, die sich nachhaltig und schnell in ein Unternehmen 4.0 entwickeln möchten, stellen also den Menschen in den Vordergrund. Zum einen sind das die eigenen Mitarbeiter mit deren Potentialen und Bedürfnissen, zum anderen sind es die Kunden mit ihren Bedürfnissen und Erlebnissen, nicht zu vergessen die externen Partner im sich entwickelnden Ecosystem. Dies führt uns zu einer ganz besonderen und vielleicht sogar der größten Herausforderung der 4. Industriellen Revolution: der Mensch mit all seinen inneren Bildern, Glaubensüberzeugungen, Mustern und daraus resultierenden Ängsten hat sich in der Vergangenheit in einer anderen Geschwindigkeit entwickelt, als Technologien, Organisationstheorien oder Vorgehensmodelle. Diese Herausforderung kann nur erfolgreich gemeistert werden, wenn wir Menschen befähigen, sich intensiv mit sich selbst und den neuen Gegebenheiten auseinanderzusetzen. Wenn Unternehmen es schaffen, diese Veränderungsbefähigung zu kultivieren, werden „Speed & Agilität" sowie der erhoffte Unternehmenserfolg fast automatisch als Ergebnis folgen.

■ Ansätze müssen nicht radikal sein

Die Ansätze müssen nicht immer so radikal sein, wie sie heute in Presse oder sozialen Medien vielfach diskutiert und proklamiert werden. „Swisscom schafft die Chefs ab" titelte beispielsweise eine Schweizer Tageszeitung, als Swisscom 2017 ankündigte, in einigen Bereichen Holacracy einzuführen, eine neue Organisationsstruktur, die Selbstverantwortung und Selbstorganisation von Mitarbeitern fördert und fordert. Vielmehr ist die Kunst, ganz spezifisch für die Situation des eigenen Unternehmens zu definieren, wo es steht, wo es hinmöchte und welche Art der Veränderung wirkungsvoll und sinnvoll ist. Das *Techno-Organisatorische Transformationsmodell* (vgl. ▢ Abb. 2.2) und der *Kompass für das Unternehmen 4.0* (vgl. ▶ Kap. 3) geben dabei Orientierung, helfen beim Denken und lassen Zusammenhänge erkennen. Sie sind hilfreich beim Auflösen des Silodenkens sowie bei der internen und externen Kommunikation.

■ Co-Kreation und Design Thinking als Wegbereiter für den Wandel

Eine sehr wirkungsvolle Methode, um den Wandel in der digitalen Transformation zu begleiten, ist Co-Kreation. Co-Kreation bedeutet, dass gemeinsam, kreativ und mit analogen Mitteln entweder an der Identifikation von Optimierungen (am Produkt oder am Prozess), an der Identifikation von Ideen für neue Geschäftsmodelle oder an der Identifikation zukünftiger Kundenbedürfnisse und Herausforderungen gearbeitet wird. Co-Kreation funktioniert dann am besten, wenn Teilnehmer aus unterschiedlichen Disziplinen, Organisationseinheiten, dem Ecosystems oder bestenfalls aus der Kundenbasis teilnehmen. Werden Co-Kreations-Methode mit Design-Thinking-Prinzipien (Wikipedia 2018b) sowie Gamification verknüpft, ist es möglich, innerhalb sehr kurzer Zeit zu enormen Ergebnissen zu gelangen. In diesem Format wird nicht nur das kognitive Hirn mit Wissen versorgt, sondern gleichzeitig die emotionalen Ebene, das limbische System aktiviert. Sobald beide Hirnregionen aktiv sind, entsteht Neues.

Beispiel

Angewandt wurde diese Methode beispielsweise bei einem globalen Maschinenbau Unternehmen. Die Aufgabe war, im Rahmen eines vom Top-Management initiierten

Digitalisierungs-Programms „Maschine 4.0" mit Teilnehmern aus dem Engineering, der Service Abteilung sowie der Produktion Ideen zu generieren, welche Möglichkeiten (viele sprechen auch von Use Cases) es gibt, um mit neuen Technologien wie dem Internet der Dinge, Künstlicher Intelligenz und Analytics die immer schneller eintreffenden Kundenbedürfnisse zu befriedigen. Ein konkretes Bedürfnis der Kunden war, dass die Maschinen in Zukunft vernetzt sein müssen, um mit den zur Verfügung stehenden Maschinen- und Prozess-Daten unterschiedliche Analysen machen zu können. Der Ablauf des 2-tägigen Co-Kreations-Workshops sah folgendermaßen aus:

- Schritt 1: Impuls-Vortrag
  Gemeinsames Verständnis schaffen bezüglich Industrie 4.0, d. h. welche neuen Technologien könnten relevant sein, welche konkreten Beispiele gibt es bereits am Markt
- Schritt 2: Digitalisierungs-Game
  Das Gehörte auf eine spielerische Art und Weise verfestigen (Nutzung von Perspektivenwechsel und Bildkarten)
- Schritt 3: Relevante Themengebiete identifizieren und gruppieren
  mit Fokus auf Kundenbedürfnisse
- Schritt 4: Ideen sammeln
  mithilfe der Design-Thinking-Methode
- Schritt 5: Ideen pro Themengebiet gruppieren und priorisieren
- Schritt 6: Steckbriefe erstellen
  für die Top 5 Ideen mithilfe der NABC-Methode (Need-Approach-Benefit-Competition)
- Schritt 7: Roadmap erstellen
  für die Top 5 Ideen konkrete Aktivitäten definieren, inkl. Verantwortung und Terminen

Eine weitere hilfreiche Methode, vor allem wenn es um die Identifikation von neuen Geschäftsmodellen und deren Beschreibung geht, ist das von Alexander Osterwalder an der Hochschule St. Gallen entwickelte Modell „The Business Model Canvas" (Osterwalder und Pigneur 2011). Eingebettet in das oben beschriebene Co-Kreations-Format unterstützt es beim Vorgehen sowie der Beschreibung der für ein Geschäftsmodell relevanten Dimensionen. Neben der reinen Beschreibung ist es ein wirkungsvolles Medium zur Visualisierung sowie Bewertung von neuen aber auch Veränderung von bestehenden Geschäftsmodellen. Erfahrungen aus der Praxis zeigen, dass zu Beginn eines Digitalisierungsprojektes, wenn noch relativ wenige Informationen zur Verfügung stehen, das „Business Model Canvas" einen großen Mehrwert liefern kann.

2.2 Technologie 4.0

Die meisten Experten sind sich einig: alles, was sich digitalisieren lässt, wird digitalisiert werden. Technologische Treiber der 4. Industriellen Revolution sind unter anderem:

- Internet of Things (IoT)
- Künstliche Intelligenz
- Cloud-Plattformen
- Blockchain
- Augmented und Virtual Reality
- Robotik und Drohnen
- Additive Manufacturing (3D-/4D-Druck)
- Gentechnologie

Häufig bekommen wir nach unseren Vorträgen von Teilnehmern zu hören, dass vieles, über das heute auf Konferenzen und Veröffentlichungen berichtet wird, nichts Neues sei. Sie fügen an, dass beispielsweise schon vor 15 Jahren ABB-Turbolader in Schiffen mittels RFID-Technologie global überwacht wurden. Die Daten wurden einmal pro Tag übertragen, zentral im ABB-Rechenzentrum gespeichert, analysiert und basierend auf den Analyseergebnissen Aktionen initiiert. In diesem Anwendungsfall werden Ersatzteile und Servicetechniker in dem Hafen bereitgestellt, in dem das Schiff als nächstes einläuft und zwar proaktiv. Dadurch konnte das Schiff schneller wieder auslaufen. Hauptunterschied zwischen der Welt 3.0 und der Welt 4.0 ist, dass die für solche Anwendungsfälle notwendigen Sensoren, Datenübertragungs-Technologien, Datenbanken zur Speicherung von großen Datenmengen (Big Data), Software-Tools für die Analyse der Daten, User Interfaces sowie die Integration in ERP-Systeme heute um ein Vielfaches günstiger und flexibler sind. Zudem ist es heute möglich, alle Informationen in Echtzeit zur Verfügung zu stellen. Die neuen Technologien können einfach in bestehende IT-Architekturen integriert werden. End-to-End-Lösungen werden als „Managed Service" aus der Cloud für einen monatlichen Betrag zur Verfügung gestellt. Investitionen für teure Infrastruktur oder Software-Lizenzen entfallen. Der allerwichtigste Unterschied zu Technologien der Welt 3.0 besteht jedoch darin, dass die Konzeptionszeit und Umsetzungsdauer drastisch kürzer ist und somit schneller und agiler auf Marktveränderungen reagiert werden kann. Änderungen und Anpassungen an Cloud-Lösungen können, wenn gewünscht, im Wochen-Rhythmus realisiert werden. Im Gegensatz dazu dauert beispielsweise der Change-Request-Prozess für kleine Anpassungen in einem SAP-System durchaus bis zu 6 Monate.

Laut Aussage des Zukunftsforschers Gerd Leonhard (2017, S. 4) folgen heute nicht mehr nur Computerchips „Moor's Law", welches besagt, dass sich die Leistung der Chips alle 18–24 Monate verdoppelt und sich der Preis im gleichen Zeitraum halbiert. Leonhard führt aus, dass das gleiche Gesetz für einige der oben genannten Technologien gilt: die Leistung von Künstlicher Intelligenz, IoT-Plattformen, Robotern oder Drohnen verdoppelt sich, bei Halbierung des Preises im 2-Jahres-Takt. Dies bedeute nicht mehr ein lineares, sondern ein exponentielles Wachstum. Leonhard stellt die Hypothese auf, dass wir bei den meisten neuen Technologien gerade am Wendepunkt der exponentiellen Kurven stehen, was für Unternehmen die Konsequenz hätte, dass es fast schon zu spät wäre, sich mit diesen Technologien auseinanderzusetzen (2017, S. 8).

Wir sind der Meinung, dass dies zwar für die Leistungsfähigkeit der Technologien gilt, jedoch nicht für die Umsetzung und Anwendung dieser Technologien in komplexen Organisationen. Hauptgrund für unsere Einschätzung ist die sehr langsame Veränderungsgeschwindigkeit von Menschen und Organisationsstrukturen. Außerdem gilt: „Hirn 1.0 trifft Technologie 4.0". Es ist für Unternehmen jedoch wichtig zu verstehen, dass sie nicht mehr unendlich viel Zeit haben, wollen sie den Anschluss nicht verpassen.

2.2.1 Merkmale der 3. Industriellen Revolution

Eines der obersten Ziele der 3. Industriellen Revolution, die um das Jahr 1970 Einzug in Unternehmen hielt, ist die Globalisierung sowie die Steigerung der Effizienz durch Einsatz von Technologien. Nach Ausführungen von Pugh und Hickson (2007) beinhalteten die Strategien der Unternehmenslenker eines oder mehrere der folgenden Merkmale:

- Spezialisierung – Grad der Arbeits- oder Aufgabenteilung
- Standardisierung – Grad an Richtlinien und Regeln
- Zentralisierung – Verteilung von Entscheidungskompetenzen
- Konfiguration – Struktur der Über- und Unterordnungen
- Formalisierung – Grad der Dokumentation, schriftlichen Fixierung von Regeln und Verfahren
- Koordination – Struktur und Regeln der Zusammenarbeit

Um dies zu erreichen, wurde zur Unterstützung von betriebswirtschaftlichen Prozessen vermehrt Informations-Technologie eingesetzt. Mittels Software-Programmen wurden die ersten manuellen Prozesse durch automatische oder halb-automatische Prozesse ersetzt (z. B. Bestellung, Rechnung etc.). In der Fertigung hielten die ersten „Speicher-programmierbaren Steuerungen (SPS)" Einzug, mit denen es möglich war, Arbeits-schritte in einer Maschine mit digitalen Mitteln und Mikroelektronik zu automatisieren. Neue Werkstoffe wurden entwickelt, die es erlaubten, Werkzeuge länger zu nutzen oder die Fertigungs-Geschwindigkeit zu erhöhen. Software-Programme wurden zu Beginn der 3. Industriellen Revolution sehr spezifisch für einen Prozess (z. B. Vertrieb, Ein-kauf, Lager, Produktion) oder einen Maschinentypen entwickelt. Die Infrastruktur, die benötigt wurde, um Daten zu speichern und zu verarbeiten, bildeten Großrechner. Deren Anschaffung und Betrieb war sehr aufwendig und teuer. Mit Einzug des PC, der immer schneller fortschreitenden Miniaturisierung und Einführung der Client-Server-Technologie, wurden vermehrt Standard-Software-Lösungen wie SAP ERP entwickelt, die alle betriebswirtschaftlichen Geschäftsprozesse eines Unternehmens mit einer zen-tralen Lösung auf einer zentralen Datenbank unterstützten und automatisierten. Die kommerzielle Nutzung des Internet, welche Ende der 80er Jahre begann, erlaubte, solche Software-Lösungen nicht nur lokal zu nutzen, sondern in allen Standorten der Welt.

Vor allem in der Automobilindustrie, aber auch bei der Fertigung von Compu-ter-Chips, wurde der Automatisierungsgrad in der Fertigung und Montage mithilfe der Technologie 3.0 so weit erhöht, dass es heute Fabriken gibt, die ohne Eingriff von Menschen produzieren. Der Mensch überwacht und kontrolliert. Er greift nur dann ein, wenn Maschinen und Roboter nicht mehr funktionieren. In der Regel geschieht dies reaktiv. Roboter in der Welt 3.0 sind hoch spezialisiert und für genau den Einsatzbereich optimiert, für den sie genutzt werden. Dies wird erreicht durch die fixe Programmie-rung von genau den Abläufen, die notwendig sind im Fertigungs- oder Montageprozess. Autonom lernen oder mit Menschen zusammenarbeiten können sie nicht.

Technologie wurde und wird in der Welt der Automatisierung genutzt, um vor allem interne Unternehmensprozesse zu optimieren und definierte Kennzahlen zu verbessern, welche zur zentralen Steuerung des Unternehmens verwendet werden. „Best Practices", „Benchmarking" sowie historische Daten des eigenen Unternehmens dienen hierbei dazu, die gewünschten Zielwerte der Kennzahlen zu definieren.

Hauptmerkmal der Technologie in der 3. Industriellen Revolution ist, dass hohe bis sehr hohe Investitionen getätigt werden müssen, bevor das Unternehmen einen Nut-zen daraus ziehen kann. Sei es für die Beschaffung und Programmierung einer neuen Maschine, eines Roboters oder für die Konzeption, Implementierung und den Betrieb von Software-Lösungen wie ERP, eCommerce-Anwendungen oder Tools für Forschung und Entwicklung. Die Haltung vieler Unternehmen war und ist heute sehr häufig immer noch, dass sämtliche Technik (Hardware, Software, Datenbanken etc.) im eigenen Hause

2

installiert und betrieben werden muss. Somit entsteht das Gefühl, dass man die Technik kontrollieren kann und vor allem, dass die Daten sicher gespeichert und vor Angriffen von außen geschützt sind.

2.2.2 Merkmale der 4. Industriellen Revolution

Neben Mega-Trends wie Mobilität, Wissenskultur, Sicherheit oder Individualisierung werden auch in der 4. Industriellen Revolution Globalisierung und Wachstum die größten Herausforderungen für Unternehmen sein. Um nachhaltiges Wachstum zu generieren, stehen heute und in Zukunft jedoch vielfältigere technologische Möglichkeiten zur Verfügung. Diese zu kennen und sich damit zu beschäftigen, sollte auf der Agenda der Unternehmenslenker ganz oben stehen. Denn nur wer diese Möglichkeiten kennt, kann eine erfolgreiche Strategie für das Unternehmen entwickeln ohne ungewollt den Anschluss zu verpassen.

Im Zentrum der 4. Industriellen Revolution steht die Vernetzung. Vernetzung bedeutet jedoch nicht nur die technische Vernetzung von Dingen (IoT), sondern vor allem die Vernetzung von Menschen innerhalb Unternehmen und über Unternehmensgrenzen hinweg. Eine Herausforderung in der Welt 4.0 wird es sein, die besten Fachkräfte am Markt zu finden oder alles dafür zu tun, dass die Fachkräfte uns finden. Aufgrund des demografischen Wandels sowie der immer schnelleren technologischen Entwicklung ist es für Unternehmen heute schon schwierig, die für sie passenden Mitarbeiter zu gewinnen. Potentielle Mitarbeiter der Generation Y und Generation Z haben andere Ansprüche an die Art der Zusammenarbeit. Damit einher geht die Verschiebung der in ◘ Abb. 2.3 aufgeführten Merkmale, die Unternehmenslenker in der Strategie der Zukunft berücksichtigen sollten.

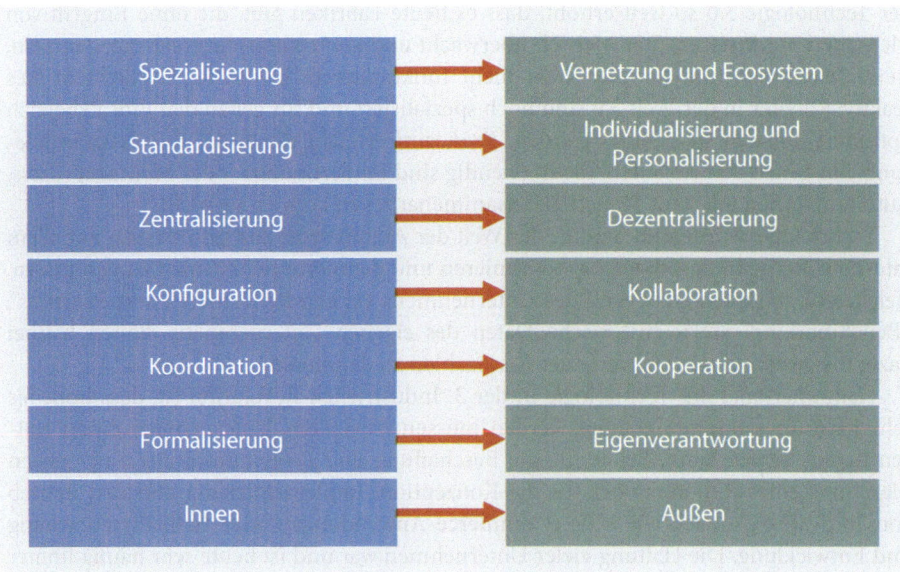

◘ **Abb. 2.3**   Verschiebung der Merkmale beim Übergang in die Welt 4.0

Für die erfolgreiche Umsetzung dieser strategischen Stoßrichtungen werden heutige sowie zukünftige Technologien der Welt 4.0 genutzt. Technologie wird gleichzeitig zum Treiber und Enabler der 4. Industriellen Revolution.

Unserer Meinung nach sollten sich Mitarbeiter auf allen Ebenen in Unternehmen mit den neuen technologischen Möglichkeiten auseinandersetzen. Auf Ebene der Unternehmensleitung mit dem Ziel, die Bedeutung sowie die Konsequenzen für das eigene Unternehmen besser einschätzen zu können. Auf Ebene des mittleren Managements, um zu verstehen, welche möglichen Rollen sie in zukünftigen Organisationssystemen spielen könnten und auf Ebene Mitarbeiter, um zu verstehen, in welchen Bereichen sie sich weiterbilden sollten, um weiterhin am Arbeitsmarkt attraktiv zu sein.

Technologie-Merkmale der Welt 4.0 sind:

- Sensoren sind in der Lage, überall nahezu alles zu messen
- Große Datenmengen (Big Data) können günstig übertragen und gespeichert werden
- Daten stehen weltweit in Echtzeit zur Verfügung
- Echtzeit-Analytics-Tools verarbeiten große Mengen von Daten aus unterschiedlichen Quellen und generieren Mehrwert-Informationen (Smart Data) oder initiieren Aktionen und Prozesse
- Machine Learning Modelle und Algorithmen treffen Vorhersagen und lernen selbstständig
- Dinge können Informationen mit anderen Dingen austauschen
- Dinge werden auf Basis von Informationen andere Dinge steuern
- Die reale Welt wird mit der virtuellen Welt verschmelzen

Werden diese neuen technologischen Möglichkeiten intelligent miteinander und mit bestehenden Technologien kombiniert, entsteht Disruption. Selbstfahrende Autos sind dabei, die gesamte Mobilität umzukrempeln. Selbstfliegende Drohnen, die über Geo-Koordinaten gesteuert und z. B. für die gezielte Schädlingsbekämpfung eingesetzt werden, sind dabei, die Agrarwirtschaft zu disruptieren. Kollaborative Roboter erlauben neue Formen der Zusammenarbeit zwischen Mensch und Maschine z. B. im Operationssaal, was zu großen Veränderungen im Gesundheitswesen führen wird.

Dachte man in der 3. Industriellen Revolution, dass mit menschenleeren Fabriken das maximal mögliche an Prozesseffizienz ausgeschöpft wurde, entsteht durch die Kombination von Technologien der Welt 3.0 mit Technologien der Welt 4.0 ein neues, riesiges Potential an zusätzlicher Effizienzsteigerung. Sei es, durch die Vorhersage von Maschinenausfällen mittels Machine Learning Algorithmen, durch Maschinen, die sich selbst reparieren oder durch die Möglichkeit, flexible Montage-Einheiten zu entwickeln, die es ermöglichen, eine Umrüstung von Wochen auf nur wenige Tage zu reduzieren. Die gleiche Logik gilt nicht nur für Prozesse in der Produktion, sondern für alle internen Geschäftsprozesse sowie kollaborative Prozesse mit Kunden, Lieferanten und sonstigen Partnern.

Verfolgten Unternehmen in der Welt 3.0 die Philosophie, alles selbst zu meistern und vor allem alles selbst zu besitzen und zu kontrollieren, so wird sich dies in der Welt 4.0 grundlegend ändern. In der Welt 4.0 werden Cloud-Plattformen entstehen, auf denen geteilt und kollaboriert wird, um im globalen Wettbewerb mithalten zu können und weiterhin Wachstum zu generieren. Die benötigte Infrastruktur in Form von Rechenleistung, Datenspeicherung sowie Logik wandert in großem Maße von den Rechenzentren der Unternehmen hin zu Rechenzentren von Cloud-Anbietern. Anstatt IT-Infrastruktur und Software-Lösungen zu kaufen, werden diese wahlweise in einem „Managed Service"-Modell mit einer monatlichen Gebühr bezogen und zwar in der benötigten Skalie-

2

rung und genau so lange, wie sie benötigt werden. Am Markt ist zu beobachten, dass viele Unternehmen sich für eine hybride Variante entscheiden: IT-Services werden dort von einem Cloud-Anbieter bezogen, wo man sich nicht vom Wettbewerb differenzieren kann. IT-Infrastruktur und Software-Lösungen werden dort im eigenen Hause entwickelt und betrieben, wo das Unternehmen seine Kernkompetenzen und Alleinstellungsmerkmale hat und diese mithilfe der neuen technologischen Möglichkeiten weiter ausbauen möchte.

Auch die Art und Weise, wie in der Welt 4.0 Technologieprojekte abgewickelt werden, wird sich verändern. Anstatt nach der klassischen Wasserfallmethode werden Projekte agil abgewickelt. Agile Vorgehensmodelle wie z. B. Scrum oder Kanban erlauben es, neue Prozesse, Produkte oder Services iterativ unter aktiver Einbindung des Kunden (extern oder intern) zu gestalten und umzusetzen. Projekte werden generell kürzer, günstiger und liefern das, was im Projektauftrag definiert wurde.

▪ **Ganzheitliche Sicht auf Technologie 4.0**

Für eine ganzheitliche Sicht ist es wichtig zu verstehen, dass die Technologien der Welt 4.0 aufeinander aufbauen. Durch diesen logischen Aufbau wird erreicht, dass sich die Technologien gegenseitig ergänzen und dadurch verstärken. Würde man beispielsweise nur den IoT-Layer nutzen, könnten die Echtzeit-Daten, die von den Dingen kommen zwar visualisiert werden, eine weitere Nutzung der Daten wäre jedoch nicht möglich. Erst durch die Kombination mit anderen Technologien kann Effizienzsteigerung und Disruption entstehen. Durch die Nutzung von Künstlicher Intelligenz beispielsweise sind Unternehmen dann in der Lage, Vorhersagen bezüglich der Ausfallwahrscheinlichkeit von kritischen Maschinenkomponenten machen. ◻ Abb. 2.4 zeigt, wie die Technologien 4.0 zusammenhängen.

Der logische Aufbau gibt Unternehmen gleichzeitig einen Leitfaden, wie die Digitale Transformation aus technologischer Sicht angegangen werden sollte. Wie beim Bau eines Hauses wird eine End-to-End-Lösung mit den neuen Technologien von unten nach oben gebaut. Die Methode „Sense-Analyse-Benefit" beschreibt den zugehörigen Mechanismus.

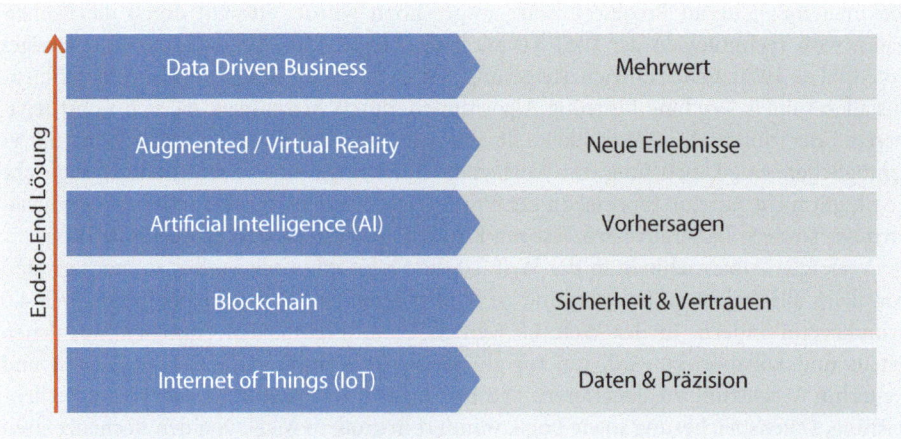

◻ **Abb. 2.4**   Technologie 4.0 Komponenten und Nutzen

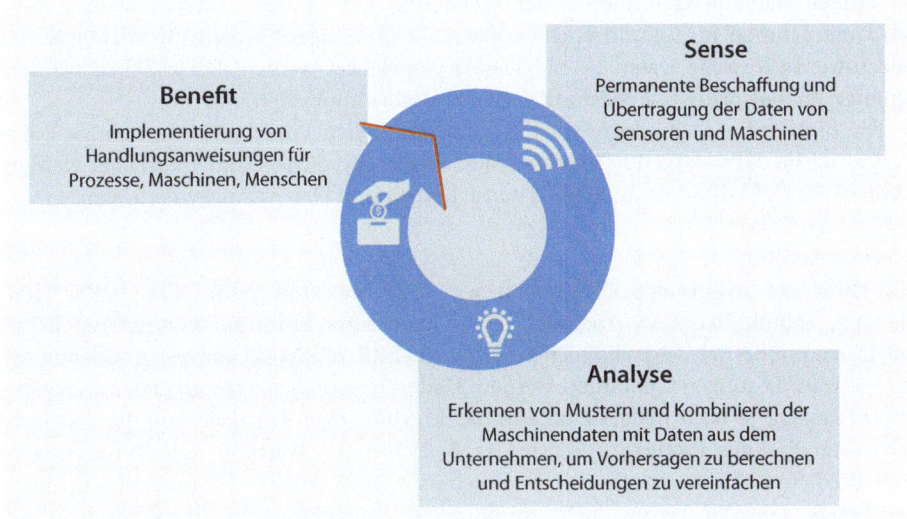

Abb. 2.5   Beim Internet der Dinge geht es um Daten

- **Zyklus Sense-Analyse-Benefit**

Der in ◘ Abb. 2.5 dargestellte Zyklus *Sense-Analyse-Benefit* zeigt die Reihenfolge und die Logik auf, wie die Digitalisierung mithilfe neuer Technologien generisch abläuft. Wollen Unternehmen beispielsweise IoT-End-to-End-Lösungen entwickeln, sollten sie bei der Entwicklung dem Zyklus folgen.

Schritt 1: Sense

Der erste Schritt und damit die Basis für das Unternehmen 4.0 bildet das Internet der Dinge. Hier werden Daten aus unterschiedlichen Quellen wie z. B. Sensoren oder Maschinensteuerungen akquiriert und mit gängigen Übertragungs-Methoden wie dem Mobilfunknetz (3G, 4G, 5G), WLAN, Bluetooth, Zigbee, LoRaWan etc. verschlüsselt an eine IoT-Cloud-Lösung übermittelt.

IoT-Cloud-Lösungen bilden dabei das Fundament für die Technologie 4.0, da der echte Mehrwert von Informationen nur dann entstehen wird, wenn Daten aus unterschiedlichen Quellen des Ecosystems bestehend aus Kunden, Lieferanten, Partnern sowie Marktbegleitern kombiniert werden und daraus neue Informationen mit Mehrwert entstehen. Aufgrund der Tatsache, dass z. B. bei einer Maschine sehr große Mengen von Daten entstehen, die nicht alle zwingend in eine IoT-Cloud-Lösung übermittelt werden müssen, nutzt man heute sogenannte IoT-Edge-Gateways, die direkt an der Maschinensteuerung hängen und bereits Logik enthalten. So können bestimmte Berechnungen direkt an der Maschine gemacht und z. B. Prozessparameter optimiert werden, ohne die Daten an eine IoT-Cloud-Lösung zu senden, dort mit Logik zu verarbeiten und wieder zurück an die Maschinensteuerung zu senden.

Sind die Daten in der IoT-Cloud-Lösung angekommen, werden sie dort in einer oder mehreren Datenbanken gespeichert. Für transaktionale Daten (man spricht hier auch von „Hot Data") werden heute klassische Datenbanken von gängigen Anbietern wie Microsoft, Oracle, SAP etc. oder OpenSource-Datenbanken benutzt. Aufgrund

2

der großen Datenmengen, die bei der Erzeugung von Echtzeit-Daten entstehen, werden Unternehmen in Zukunft einen „Data Lake" benötigen, in dem nicht-transaktionale sowie historische Daten („Cold Data") gespeichert werden. Diese Daten werden benötigt, um beispielsweise Machine Learning Algorithmen zu trainieren.

Die Blockchain-Technologie wird in Zukunft in allen Branchen eine wichtige Rolle spielen, da sie dafür sorgen wird, dass Daten sicher gespeichert und verarbeitet werden können. Dies hilft, das Vertrauen in Datensicherheit und Datenschutz zu erhöhen.

Schritt 2: Analyse

Mit Hilfe von IoT-Analytics-Lösungen wie z. B. Microsoft Azure IoT, AWS, IBM Bluemix, Splunk IoT, SAS Analytics oder OpenSource-Lösungen können die Echtzeit-Daten mit betriebswirtschaftlichen Daten aus ERP-, CRM-, eCommerce- oder anderen Software-Lösungen kombiniert werden. Dadurch werden aus reinen Daten wertvolle Informationen. Je nach Bedarfsfall kann das Ergebnis eine Visualisierung des Gesundheitszustands eines Produktes, Alarme (z. B. Präventive Wartung) oder Vorhersagen (z. B. Predictive Maintenance) sein. Die Ergebnisse dieser Analysen können nun in einen bestehenden Geschäftsprozess integriert und den Benutzergruppen mit spezifisch auf sie angepassten Geräten und User Interfaces zur Verfügung gestellt werden.

Schritt 3: Benefit

Mit den zur Verfügung stehenden Daten sowie den Ergebnissen der Analysen und Vorhersagen lassen sich nun je nach Bedarf des Unternehmens unzählige Use Cases realisieren, die entweder zu einer weiteren Effizienzsteigerung, neuen Interaktionen mit Kunden, Lieferanten und Partnern oder im besten Falle zu neuen Geschäftsmodellen führen.

Um den IoT-Mechanismus bildhaft zu erklären, verwenden wir als Analogie gerne den Menschen, da dieser nach derselben Logik funktioniert. Die Analogie ist sicherlich nicht 100 % wissenschaftlich korrekt beschrieben, kann aber dennoch hilfreich sein:

- *Sense*
  1. Menschliche Sinnesorgane nehmen Signale wahr (z. B. Kälte)
  2. Die Signale werden über das Nervensystem ins Gehirn übertragen
- *Analyse*
  3. Das Gehirn analysiert die Signale und schlägt eine Aktion vor (etwas Warmes anziehen)
- *Benefit*
  4. Zur Ausführung der Aktion sendet das Gehirn Signale über das Nervensystem an den Körper (Pullover nehmen und anziehen)
  5. Das Ergebnis ist, dass der Mensch nicht mehr friert

Nimmt das Gehirn Signale wahr, welche nicht bekannt sind, berechnet es Alternativen mit bestimmten Wahrscheinlichkeiten und gibt die Handlungsoption an den Körper zurück, welche die größte Wahrscheinlichkeit auf Basis von inneren Bildern und Erinnerungen hat. Ein ähnlicher Prozess, wie er auch bei Vorhersagen mittels Machine Learning Modellen und Algorithmen benutzt wird.

Im Folgenden werden einige der Technologien 4.0 bis zu einem gewissen Detaillierungsgrad beschrieben, da wir es für wichtig erachten, dass jede Führungskraft und jeder Mitarbeiter ein Mindestmaß an technologischem Wissen haben sollte.

Das Internet der Dinge

Das Internet der Dinge läutet das nächste Zeitalter der Digitalisierung ein. Wikipedia definiert das Internet der Dinge wie folgt: „Der Begriff Internet der Dinge (IdD) (englisch Internet of Things, Kurzform: IoT) beschreibt, dass der Personalcomputer zunehmend als Gerät verschwindet und durch ‚intelligente Gegenstände‘ ersetzt wird (Wikipedia 2018c).“ Dinge wie Autos, Schuhe, Kühlschränke, Tische, Werkzeugmaschinen etc. werden mit autonomen Kleinstcomputern und Sensoren ausgestattet und sind permanent mit dem Internet verbunden. Dadurch können sie in Echtzeit Informationen über sich selbst (Standort, Temperatur, Geschwindigkeit etc.) an Daten-Plattformen (IoT-Plattformen) senden oder direkt mit anderen Dingen kommunizieren. Man spricht hier von „Cyber Physical Systems", da die physische Welt wie z. B. das Auto mit der virtuellen Welt der Daten (Temperatur, Drehzahl, Geschwindigkeit etc.) kombiniert wird und daraus Informationen mit neuem Wert für unterschiedliche Stakeholder-Gruppen (Kunden, Hersteller, Lieferanten etc.) generiert werden können.

Das Internet der Dinge bildet die technologische Basis für die 4. Industrielle Revolution, da in Zukunft alle zur Wertschöpfung benötigten Mittel (Rohmaterial, Maschinen, Hilfs- und Betriebsstoffe, Büroausstattungen, Elektrozähler, Müllcontainer, Straßenlaternen, Ampelanlagen etc.) miteinander vernetzt sein werden und so miteinander kommunizieren können. Dadurch entstehen autonome, sich selbst steuernde Einheiten, die sowohl eine ganz neue Art der Mensch-Maschine-Schnittstelle erlauben, als auch eine nie dagewesene Präzision bei der Auswertung deren Daten.

Anwendungsbeispiele aus der Industrie sind die Vernetzung von Maschinen oder die Echtzeit-Verfolgung von Material und Gütern in der gesamten Wertschöpfungskette. Mit Hilfe von IoT-Plattformen besteht die Möglichkeit, Echtzeit-Sensorwerte aus Maschinensteuerungen auszulesen, diese mittels z. B. mobilem Telefonnetz in eine Datenbank in der Cloud zu übertragen und mit IoT Analytics-Lösungen auszuwerten. Das Ergebnis sind Visualisierungen wie Dashboards, welche dazu dienen, komplette Fertigungslinien zu überwachen und wenn nötig, remote per Fernzugriff auf einzelne Maschinensteuerungen zuzugreifen.

Weitere Anwendungsbeispiele sind in Städten oder Gebäuden zu finden. Hier melden speziell entwickelte Sensoren, wann beispielsweise ein Rauchmelder ausgetauscht werden muss oder wann und in welcher Reihenfolge Mülleimer geleert werden sollen (bedarfsgerecht). Mittels Sensorik in Straßen weiß der Streudienst im Winter ganz genau, wo die größte Glatteisgefahr besteht und streut genau dort (bedarfsgerecht). Die Streusalz-Silos werden in Echtzeit überwacht und automatisch aufgefüllt, sobald ein definierter Schwellwert unterschritten wurde.

Uns fällt auf, dass heute noch die meisten Projekte, die unter dem Label „IoT" an die Unternehmensleitung verkauft wurden, in Wahrheit „nur" M2M- (Machine-to-Machine) Projekte sind. IoT und M2M werden oft synonym verwendet, sind es aber nicht:

– M2M bezieht sich auf die Verbindung eines Geräts über ein Netzwerk mit einem Backend-System. Damit wird eine einzelne, konkrete Aufgabe gelöst. Zum Beispiel die Messung des Füllstands eines Öltanks, das Ablesen eines Stromzählers oder das Auslösen eines Alarms. Eine M2M-Lösung kann komplett von einem Anbieter erbracht werden und arbeitet mit Daten aus einer Quelle.

2

– Bei End-to-End IoT-Anwendungen werden Daten meist aus einer Vielzahl von Sensoren, Geräten, Systemen, Diensten und weiteren Assets gesammelt und in komplexe Anwendungen eingespeist. Diese Anwendungen werden oft von Drittanbietern erstellt. Zu den Datenquellen gehören neben vernetzten Geräten und M2M-Anwendungen auch Systeme der Unternehmens-IT, Daten-Feeds aus öffentlichen Quellen, aus Crowdsourcing-Projekten, aus Social Media sowie anderen IoT-Anwendungen. IoT bringt dann den größten Mehrwert für Unternehmen, wenn eigene Daten aus Maschinen oder betriebswirtschaftlichen Prozessen mit Daten aus dem Ecosystem intelligent kombiniert und ausgewertet werden.

Für eine IoT End-to-End-Lösung werden also Technologien aus der Welt 3.0 mit Technologien der Welt 4.0 kombiniert, die sich dadurch – wie oben beschrieben – gegenseitig verstärken. In ◘ Abb. 2.6 sind die technologischen Komponenten aufgezeigt.

Wie ein Haus wird eine End-to-End-IoT-Lösung von unten nach oben gebaut. Der Bau beginnt mit dem Fundament, nämlich der Akquisition von Daten aus Maschinensteuerungen oder speziellen IoT-Sensoren für Druck, Temperatur, Drehzahl, Luftfeuchtigkeit etc. Eine wichtige Rolle in dem in ◘ Abb. 2.6 gezeigten Technologie-Fundament „Sense – Device Integration" spielt das „IoT Gateway". Das IoT Gateway ist wie eine „Magic Box" und agiert als Datensammler und Übersetzer

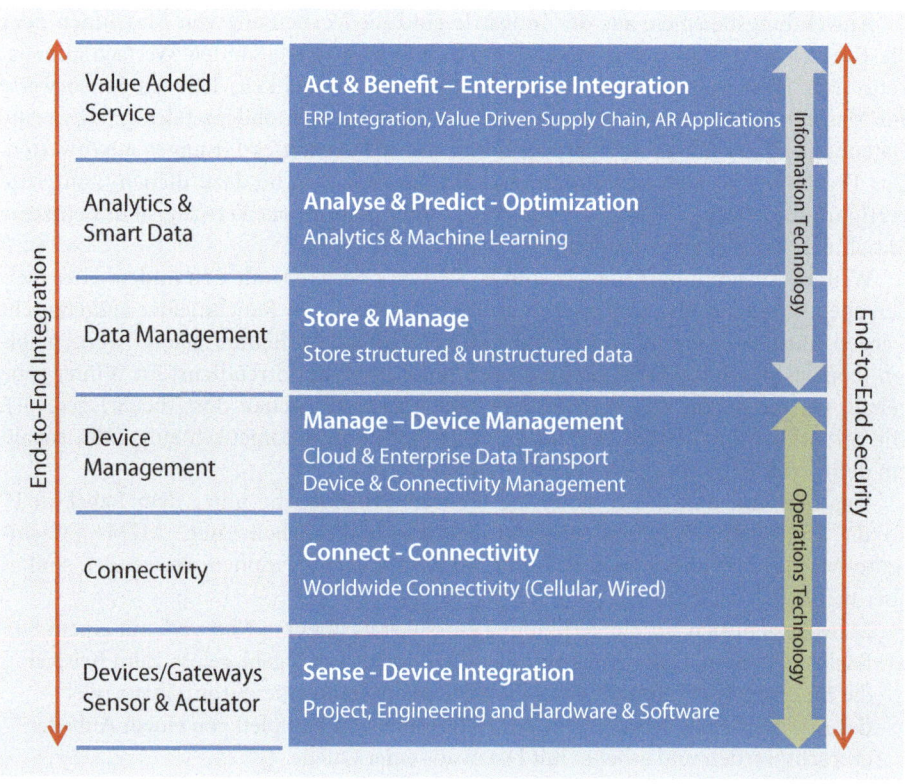

◘ **Abb. 2.6**   IoT Architektur Layers

von Datenprotokollen. Es ist ein vollwertiger Mini-Computer mit Prozessor, Datenspeicher, Schnittstellen und Logikbausteinen. Mittels spezieller Software ist es möglich, nahezu alle gängigen Maschinesteuerungsprotokolle in Standard-Protokolle wie OPC-UA oder MTConnect zu übersetzen und mittels MQTT (Messaqe Queue Telemetry Transport) zu übertragen. MQTT ist dabei sozusagen der Briefumschlag mit der Adresse für die Übermittlung der Daten in eine Datenbank in der Cloud. In unserer Beratungspraxis sehen wir heute viele Unternehmen, die eine Menge Geld ausgeben, um ihre Steuerungsprotokolle zu standardisieren, indem sie individuelle Softwarelösungen entwickeln lassen. Würden sie im industriellen Umfeld z. B. die Device-Integrations-Lösung von Telit (▸ www.telit.com) nutzen, könnten sie dies mit viel weniger Kosten realisieren. Telit liefert eine Standard-Softwarelösung, die alle gängigen Steuerungsprotokolle, die im industriellen Umfeld benutzt werden, in Standardprotokolle übersetzt, ohne dass auch nur eine Zeile Code entwickelt werden muss. Das IoT Gateway wird des Weiteren dazu genutzt, um per Fernzugriff sicher auf die Maschine, die Wärmepumpe oder die Ampel zuzugreifen. Für die Authentifizierung und Verschlüsselung sorgt eine VPN (Virtual Private Network)-Lösung, die auf dem Gateway installiert ist. Somit ist sichergestellt, dass nur autorisierte Personen Zugriff auf die Produkte haben. Neben Datenakquisition und Protokollübersetzung ist das komplette Datenmodell inklusive aller Datenattribute der Dinge auf dem IoT-Gateway gespeichert. Mittels sogenannter „Trigger" können Schwellwerte definiert werden, die Alarme erzeugen, sobald ein Schwellwert unter- oder überschritten wurde.

Die letzte Funktion, die das IoT-Gateway übernimmt ist, dass es Daten, die von Maschinensteuerungen kommen bereits an der Maschine prozessieren kann, ohne dass diese erst in die Cloud übertragen werden müssen. Es wird hier häufig von „Streaming- oder Edge-Analytics" gesprochen. Ein Anwendungsbeispiel ist „Predictive Maintenance". Aufgrund von historischen Daten, Echtzeit-Daten sowie unstrukturierten Daten von z. B. Servicetechnikern oder Instandhaltern wird in der Cloud ein Machine Learning Modell sowie ein Algorithmus entwickelt. Mit den oben genannten Daten lässt man das Modell so lange lernen, bis es eine Zuverlässigkeit von 95 % hat. Dies bedeutet, dass die Wahrscheinlichkeit 95 % ist, dass die Vorhersage über den Ausfall einer Komponente auch tatsächlich in der Realität eintritt. Dieses Machine Learning Modell wird dann auf das IoT-Gateway übertragen, wo die Möglichkeit besteht, direkt an der Maschine Aktionen auf Basis von Vorhersagen zu initiieren, ohne den Umweg über die Cloud zu nehmen. Damit wird der Datenverkehr zwischen Maschinen, die in der gesamten Welt verteilt sein können und der Cloud drastisch reduziert. Ob dies im spezifischen Anwendungsfall Sinn macht oder nicht, muss in der Konzeptphase entschieden werden.

Alle oben genannten Funktionen und zukünftig noch viele mehr, werden in den nächsten 3–5 Jahren direkt in die Maschine integriert sein, ohne dass ein IoT-Gateway benötigt wird. Es wird hier von „Embedded Software" gesprochen. Hersteller von Kommunikations-Chips bieten heute schon erste Versionen an, die in der Lage sind, die oben beschrieben Funktionen zu übernehmen.

Die IoT-Technologie ist heute ausgereift und kann somit für die Effizienzsteigerung von Prozessen, die proaktive Überwachung von Maschinen- und Anlagen oder das Entwickeln neuer Geschäftsmodelle und Digitaler Services genutzt werden. Dabei ist der Einsatz unabhängig von Industrien. IoT-Technologie kann sowohl in Krankenhäusern, Städten, Gebäuden, Minen, auf Baustellen, an Flughäfen, im Büro und in vielen anderen Bereichen eingesetzt werden.

2

Unser Hinweis an dieser Stelle: IoT-Plattform ist nicht gleich IoT-Plattform. Connectivity-Experten wie Ericsson, Vodafone, Actility etc. haben ihre IoT-Plattformen. Diese dienen jedoch nur dem Zweck, die Konnektivität zu managen und zu überwachen. Nutzt ein Unternehmen beispielsweise SIM-Karten für die Übermittlung von Daten, können diese über solche IoT-Plattformen aktiviert oder de-aktiviert werden. Außerdem rechnen diese IoT-Plattformen auf Basis von hinterlegten Abrechnungsmodellen die Kosten für Datenübermittlungen ab. Unserer Meinung nach sollte hier von „IoT-Connectivity-Plattformen" gesprochen werden. Analytics-Experten wie SAS Institute, Splunk etc. positionieren ebenfalls ihre IoT-Plattformen. Diese haben allerdings den Zweck, Echtzeit-Daten zu speichern und zu analysieren. Dort können Datenmodelle gebaut und Datenquellen definiert oder Dashboards für die Visualisierung entwickelt werden. Einige von ihnen haben bereits Predictive Analytics-Module, die genutzt werden können, um Machine Learning Modelle und Algorithmen zu entwickeln. „IoT Analytics-Plattform" wäre hierfür ein passender Begriff. Hersteller wie Telit haben ebenfalls eine IoT-Plattform im Portfolio. Diese IoT-Plattformen werden für die Device-Integration sowie das Device Management genutzt. Haben Unternehmen beispielsweise weltweit IoT-Gateways im Einsatz, dann können diese zentral überwacht werden. Es können regelmäßig Sicherheits- oder Software-Updates auf die IoT-Gateways verteilt werden oder neue Software-Pakete (Digitale Services) über das IoT-Gateway auf die Maschinen provisioniert werden.

Zu guter Letzt sollten sich Unternehmen überlegen, ob sie eine IoT-Entwicklungs-Plattform wie Microsoft Azure IoT, Amazon Web Services IoT oder IBM Watson IoT nutzen wollen oder eher eine IoT-Standard-Plattform wie SAP Leonardo, die bereits fertig entwickelte und integrierte End-to-End Use Cases beinhaltet und konfiguriert wird, anstatt jedes Mal von Beginn an neu zu entwickeln. Auch diese Entscheidung sollte gut vorbereitet und überlegt sein.

■ **Datenübertragung und Datensicherheit**

Sind die Daten aus den Produkten und IoT-Sensoren ausgelesen und in ein Standardprotokoll übersetzt, kommt der nächste Baustein: Datenübertragung sowie Datensicherheit. Ein elementarer Baustein in der vernetzten Welt. Für die Vernetzung von IoT-Geräten stehen verschiedene Technologien zur Verfügung. Bei der Technologiewahl spielen sowohl wirtschaftliche als auch technische Aspekte eine Rolle: Welche Datenmengen sind zu übermitteln? Wie schnell muss übertragen werden und mit welcher Reaktionszeit? Welche Technologie ist für den Standort des Geräts und die zu überbrückende Distanz am besten geeignet? Aktuell sind für die IoT-Vernetzung mobilfunkbasierte Technologien (3G/4G/5G), LPN (Low Power Network) oder Sigfox in Gebrauch. Für IoT-Geräte in Gebäuden – Smart Building und Vernetzung von mehr oder weniger fix installierten industriellen Komponenten – kommt auch die Anbindung von Geräten an das bestehende Internet-Gateway mit Funktechnologien wie Bluetooth LE, WiFi oder Zigbee infrage. Künftig werden Narrowband IoT und LTE Cat-M1 als Erweiterung zu 4G sowie weitere IoT-spezifische Technologien auf Basis des kommenden 5G-Netzes relevant. Vor allem den zukünftigen Eigenschaften der 5G-Technologie sollten Unternehmen große Aufmerksamkeit schenken. Diese bringt eine geringere Latenzzeit, größere Bandbreiten und die Datenübermittlung benötigt weniger Strom.

Bei der Vernetzung von Geräten muss die Sicherheit oberste Priorität besitzen. Dabei geht es um End-to-End-Sicherheit über die gesamte IoT-Anwendung hinweg. Dies beginnt dort, wo die Daten entstehen und endet in Applikationen, in denen die Daten verwendet werden:

- Die Übertragung von den Sensor- und Steuerungs-Daten muss verschlüsselt erfolgen
- IoT-Gateways dürfen keine Schwachstellen und Backdoors aufweisen und müssen laufend mit Sicherheitsupdates versorgt werden, was sehr einfach remote passieren kann
- Daten müssen in sicheren Rechenzentren gespeichert werden
- Rechenzentren müssen ein individuelles Berechtigungskonzept ermöglichen sowie ein umfassendes Sicherheitskonzept bereitstellen, das alle aktuellen Cybergefahren berücksichtigt – von Spam bis zu DDoS-Attacken.

Die übliche Vorgehensweise bei der Konzeption und Entwicklung einer neuen IoT-Anwendung ist, dass zu Beginn des Projektes ein IoT-Sicherheits-Assessment durchgeführt wird. Dort werden die Risiken in allen relevanten Risiko-Bereichen erfasst und bewertet. Auf dieser Basis wird dann ein individuelles IoT-Sicherheitskonzept entwickelt und im Rahmen des Projektes umgesetzt.

- **Analytics und Künstliche Intelligenz**

Sind die Daten in der Cloud angekommen, können diese mittels IoT-Analytics-Lösungen weiterverarbeitet werden. Durch die Erzeugung, Sammlung und langfristige Speicherung von Echtzeit-Daten (von Maschinen, Anlagen, Heiz- oder Klimageräten, Sterilisationsgeräte etc.) entstehen gänzlich neue Datenanalyse-Möglichkeiten. In der Regel starten Unternehmen mit der einfachen Visualisierung von Sensorwerten in Dashboards, um den Gesundheitszustand eines Produktes zu überwachen. Im nächsten Schritt werden gemeinsam mit den Ingenieuren, Instandhaltern und Servicetechnikern Schwellwerte für kritische Sensoren von z. B. Maschinenbauteilen definiert. Bei Über- oder Unterschreitung eines der Schwellwerte wird automatisch ein Alarm generiert und an den zuständigen Operator übermittelt (per eMail, SMS etc.). Hier wird von „Präventiver Wartung" gesprochen. Modelliert man z. B. Machine Learning Modelle der Produkte (Digital Twin) und entwickelt Algorithmen für bestimmte Korrelationen von Sensorwerten, ist es heute bereits möglich, Vorhersagen über den Ausfall bestimmter Maschinenkomponenten in der Zukunft zu machen. Dies hat den Vorteil, dass Maschinen kaum mehr ungeplant ausfallen oder der fällige Service über Fernwartung durchgeführt werden kann. Man spricht hier von „Predictive Analytics" im Allgemeinen und von „Predictive Maintenance" in Bezug auf Industrie-Produkte. Im Kontext produzierender Unternehmen wird im deutschen Sprachraum von Industrie 4.0 gesprochen. Der Begriff Industrie 4.0 wurde von der deutschen Bundesregierung erfunden, die im April 2013 die Studie „Umsetzungsempfehlungen für das Zukunftsprojekt Industrie 4.0" veröffentlichte (▶ https://www.bmbf.de/files/Umsetzungsempfehlungen_Industrie4_0.pdf). Ziel dieser Empfehlung ist, mithilfe der neuen technologischen Möglichkeiten der Welt 4.0 die Wettbewerbsfähigkeit des Produktionsstandorts Deutschland zu sichern. Länder wie z. B. die Schweiz haben inzwischen ähnliche Initiativen lanciert (Industrie2025, ▶ www.industrie2025.ch), die auf dem Konzept Industrie 4.0 aufbauen. Andere Industrienationen wie USA, China, Frankreich, Groß-Britannien etc. benutzen synonym den Begriff „Industrial Internet of Things".

Künstliche Intelligenz ist jedoch mehr als Predictive Analytics. Sie umfasst folgende weitere Bereiche:

- Spracherkennung (z. B. Siri in Mobiltelefonen von Apple oder Alexa von Amazon)
- Texterkennung (z. B. für Analysen von unstrukturierten Daten)
- Bilderkennung (z. B. Gesichtserkennung für Zugangskontrollen)
- Chatbots (z. B. für die Automatisierung von Call-Centern)
- Echtzeit-Übersetzung (z. B. für internationale Konferenzen)
- Robotik (z. B. kollaborative Arbeitsteilung mit ABB's „Yumi")

Beispiel

Ein einfaches Anwendungsbeispiel aus dem Banken-Bereich ist die „E-Mail-Triage": Das Call-Center einer Bank erhält weltweit täglich ca. 1500 Anfragen von ihren Kunden per Mail. Jede Mail wurde in der Vergangenheit von einem Call-Center-Mitarbeiter gelesen und an die Fachabteilung weitergeleitet, die für die Beantwortung verantwortlich ist. Heute liest ein Computer die Mails, erkennt mittels Algorithmen der Künstlichen Intelligenz Schlüsselwörter und leitet diese auf Basis von definierten Regeln an die entsprechenden Fachabteilungen weiter. Ein riesiges Einspar-Potential mit wenig Umsetzungsaufwand.

Lösungen für die Speicherung von großen Datenmengen (Big Data, Data Lake), die Analyse von strukturierten und unstrukturierten Daten sowie deren Visualisierung sind heute ebenfalls ausgereift. Im deutschsprachigen Raum haben sich ca. zehn IoT Analytics-Plattformen etabliert, die sehr gute Funktionen zur Umsetzung von Anwendungsfällen in allen Industrien zur Verfügung stellen.

Bei der Nutzung und Weiterentwicklung von Künstlicher Intelligenz stehen wir heute jedoch ganz am Anfang. Es entstehen die ersten Technologie-Plattformen wie IBM Watson, Microsoft Azure, Amazon Web Services, Knime oder SAP Leonardo, die es Data Scientisten erlaubt, Machine Learning Modelle zu entwickeln und Algorithmen zu programmieren, die beispielsweise Muster erkennen und Vorhersagen machen. Die Möglichkeiten, die sich in Zukunft mit dieser Technologie noch bieten werden, sind enorm. Einzig die noch zu geringe Anzahl Data Scientisten hält diese rasende Entwicklung auf. So haben die ersten Universitäten 2016 begonnen, einen Studiengang einzurichten, in dem sich Studenten zu Data Scientisten ausbilden lassen können. Fachhochschulen bieten Weiterbildungs-Programme, sodass der zukünftige Bedarf gedeckt werden kann.

- **Blockchain**

Die Angst vor dem Verlust von Daten sowie Datenklau durch Hacker ist für viele Unternehmen der Grund dafür, warum sie noch nicht begonnen haben, Projekte mit den neuen Technologien wie Internet of Things oder Predictive Maintenance umzusetzen. Um Daten sicher zu übertragen und zu speichern bedarf es wie schon beschrieben eines detaillierten und ausgereiften Sicherheitskonzeptes. In Zukunft spielt die Technologie der Blockchain dabei eine sehr wichtige Rolle. Wikipedia definiert Blockchain wie folgt: „Eine Blockchain (auch Block Chain, englisch für Blockkette) ist eine kontinuierlich erweiterbare Liste von Datensätzen, genannt ‚Blöcke', welche mittels kryptografischer Verfahren miteinander verkettet sind. Jeder Block enthält dabei typischerweise einen kryptografisch sicheren Hash (Streuwert) des vorhergehenden Blocks, einen Zeitstempel und Transaktionsdaten" (Wikipedia 2018a). Die ersten Anwendungen der

Blockchain-Technologie finden sich in digitalen Währungen wie z. B. Bitcoin. Anwendungen in den Bereichen Logistik, Supply-Chain sowie in der Produktion werden in den nächsten 2–3 Jahren folgen. Die Blockchain ist ein elementarer Baustein für die Datensicherheit und stellt sicher, dass Daten vor externen Angriffen geschützt sind und diese nicht einfach kopiert oder manipuliert werden können. Zudem entfallen in Zukunft sogenannte „intermediäre Dienstleistungen" wie beispielsweise die Sicherstellung eines sicheren Datentransfers bei Banken oder die Erstellung von Verträgen bei Notaren, da keine „Institution des Vertrauens" mehr benötigt wird. Das Vertrauen ist sozusagen in der Logik der Blockchain eingebaut.

Blockchain-Technologie für die Anwendung außerhalb digitaler Währungen wie z. B. Bitcoin, steht noch ganz am Anfang. Große Unternehmen experimentieren momentan mit den zur Verfügung stehendenden Technologie-Plattformen. So haben die Unternehmen IBM und Maersk im Januar 2018 ein Joint Venture gegründet, welches eine Globale Handelsplattform auf Basis der Blockchain-Technologie entwickeln soll. Bis diese Anwendungen jedoch einen Reifegrad aufweisen, der es erlaubt, in den Massenmarkt einzutreten und somit die Technologie auch kleinen und mittelständischen Unternehmen zugänglich zu machen, werden noch einige Jahre vergehen.

- **Augmented Reality und Virtual Reality**

Sind die Daten von der IoT-Analytics-Lösung verarbeitet, können diese in unterschiedlichsten Anwendungen integriert und weiterverarbeitet werden. Augmented Reality ist ein Anwendungsgebiet, in dem die gewonnenen Echtzeit-Daten und Analyse-Ergebnisse genutzt werden können. Augmented Reality bedeutet „Erweiterte Realität". Als User-Interface werden in der Regel Tablets oder speziell entwickelte Augmented Reality-Brillen (Microsoft HoloLens, Google Glases etc.) verwendet. Durch die eingebaute Kamera im Tablet oder durch die Brille sieht der Nutzer die physische Umwelt. Mit Hilfe von Computer-Programmen können dem Servicetechniker, dem Sanitäter am Unfallort oder dem Katastrophenhelfer zusätzliche Informationen wie Grafiken, Sensordaten etc. remote zur Verfügung gestellt werden. Der Servicetechniker bekommt vor Ort somit Anweisungen und Tipps, wie ein bestimmter Fehler behoben werden kann. Dem Sanitäter werden relevante Informationen über Unfallhergang und Gesundheitsdaten des Unfallopfers zur Verfügung erstellt. Somit kann in beiden Fällen schnell und effizient agiert werden. Sollte z. B. der Servicetechniker dennoch Probleme mit der Fehlerbehebung haben, kann er Kollegen aus der ganzen Welt per Videokonferenz zuschalten und diese sehen, was der Servicetechniker sieht. Gemeinsam sind sie in der Regel dann in der Lage, das Problem vor Ort zu lösen, mit nur einem Service-Besuch.

Im Vergleich zur Augmented Reality taucht der Nutzer von Virtual Reality (Virtuelle Realität) in eine komplett virtuelle Welt ein, die nichts mit der physischen Umwelt, in der sich der Nutzer befindet, zu tun hat. Anwendung findet Virtual Reality heute vor allem in der Computerspiel-Branche, in der Reisebranche, um potentiellen Urlaubern bestimmte Reiseziel schmackhaft zu machen oder in der Hotellerie als Zusatzservice und Unterhaltung mit unterschiedlichen Inhalten. Im Kontext von Industrie- und Handelsunternehmen steckt die virtuelle Realität noch in den Kinderschuhen. Mögliche Anwendungen im Marketing und Sales sind z. B. potentiellen Interessenten und Kunden eine komplexe Anlage bzw. ein Produkt per virtueller Realität vorzuführen, ohne dass der Kunde in einen Ausstellungsraum des Herstellers reisen muss.

Bezüglich Reifegrad dieser Technologie kann gesagt werden, dass heute einige ausgereifte Entwicklungs-Plattformen für Augmented oder Virtual Reality Anwendungen

2

verfügbar sind. Die Ausbreitung dieser Technologie wird sich nach unserer Einschätzung in den nächsten Jahren drastisch entwickeln. Einzig die Usability der heute auf dem Markt befindlichen Augmented Reality-Brillen und deren hohe Preise sind noch kleine Hemmschuhe für viele Unternehmen. Diese sind noch immer zu groß und zu schwer, als dass ein Mitarbeiter in einem Lager oder in einer Miene permanent, acht Stunden pro Tag, damit arbeiten könnte. Dies liegt vor allem an den Batterien, deren Laufzeit mit einer verträglichen Batteriegröße noch zu gering ist. Die Entwicklung wird jedoch auch in diesem Technologie-Bereich in den nächsten 2–3 Jahren einen großen Sprung bzgl. Reifegrad für die Massenanwendung machen.

▪ Data Driven Business

Das Unternehmen 4.0 wird die zur Verfügung stehenden Daten Schritt für Schritt in seine komplette Wertschöpfungskette integrieren. So bekommt die Forschungs- und Entwicklungsabteilung permanent Rückmeldung über die Funktionsweise ihrer Maschinen und Maschinenkomponenten. Die Daten können mit den Entwicklungspartnern geteilt werden. Damit wird die Effizienz und Zuverlässigkeit der Maschine erhöht und die Qualität des Outputs gesteigert. Die Planungsabteilung kann mit Hilfe von Machine Learning Modellen und Algorithmen sehr genau Auskunft über die Zukunft geben. Damit wird die Planungszeit verkürzt und die Planungsgenauigkeit drastisch erhöht. Kunden, Lieferanten sowie Mitarbeiter in der Produktion und im Lager kennen zu jeder Zeit den Status und die Lokation jedes Auftrags, jeder Baugruppe und jedes Rohmaterials, das zur Fertigung und Montage benötigt wird. Die Serviceorganisation bekommt Echtzeit-Alarme, sobald es Probleme mit Produkten beim Kunden gibt und kann remote auf die Steuerung dieser Produkte zugreifen.

Beispiel

So nutzt die Firma Meier Tobler Klima- und Wärmtechnik aus der Schweiz diese Technologie für die Überwachung der bei ihren Kunden eingesetzten Wärmepumpen. Der Remote-Servicetechniker überwacht die Wärmepumpen, optimiert die Steuerparameter einmal pro Jahr, sodass diese optimal und energieeffizient betrieben werden und instruiert die Service-Techniker im Feld, was genau an welcher Wärmepumpe zu reparieren ist. Meier Tobler spart im Service damit Kosten, da die Service-Techniker heute nur noch einmal zum Kunden fahren müssen anstatt zwei- bis dreimal wie früher. Ein neues Service-Modell genannt „Smart Guard" sorgt für zusätzlichen Umsatz.

In ◘ Abb. 2.7. sind einige Anwendungsfälle für das Wertschöpfungsnetzwerk eines Industrieunternehmens beschrieben.

Das intelligente Unternehmen nutzt neue Datenanalyse-Möglichkeiten und Predictive Analytics jedoch nicht nur in wertschöpfenden Prozessen, sondern auch in ihren Support-Prozessen. Finanz-Abteilungen sind in der Lage, die Planung aufgrund von Echtzeit-Daten und Machine Learning Modellen zu optimieren. Einkaufsabteilungen können ihre Lieferanten in Echtzeit steuern und haben komplett neue Möglichkeiten der Lieferantenbewertung. Personalabteilungen sind in der Lage, aufgrund von Verhaltensmustern von Mitarbeitern zu erkennen, wann diese sich überlegen, das Unternehmen zu verlassen und können entsprechende Maßnahmen ergreifen. Für jeden Anwendungsfall in der Wertschöpfungskette sowie in den Support-Prozessen sollte überlegt werden, wie mittels Korrelation mit anderen Daten wie z. B. Wetterdaten oder Daten aus anderen offenen Datenquellen weiteres Optimierungs-Potential gehoben werden kann.

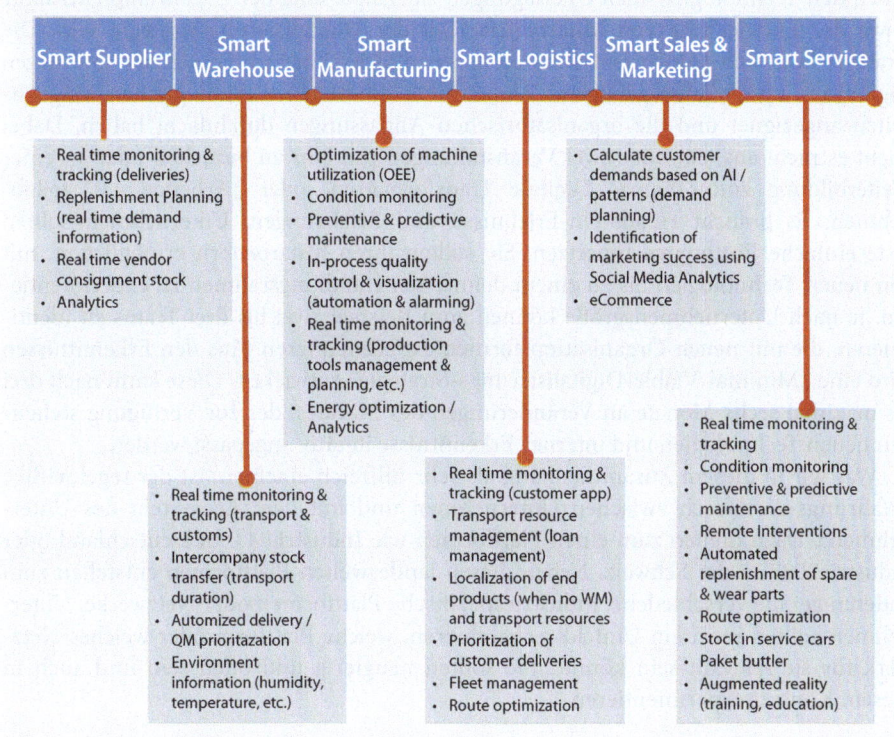

Abb. 2.7 Anwendungsfälle für Data Driven Business

2.2.3 Empfehlungen für den Wandel

Wir können heute noch nicht absehen, was mit den gegenwärtigen sowie zukünftigen Technologien alles möglich sein wird. Was wir verstehen müssen, ist jedoch folgendes: Die Technologien in der Welt 4.0 entwickeln sich nicht mehr linear, sondern exponentiell. Werden diese Technologien miteinander kombiniert, dann verstärken sie sich gegenseitig. Kamen die Technologien früher in einzelnen, überschaubaren Wellen, bricht heute geradezu ein Tsunami von technologischen Möglichkeiten auf Unternehmen ein. Das fatale daran ist, dass die meisten Unternehmen nicht oder noch zu wenig darauf vorbereitet sind. Unsere Vorstellungskraft reicht nicht aus, die Tragweite der zukünftigen Veränderungen zu erfassen. Aus diesem Grund muss unserer Ansicht nach schnellstmöglich Wissen über neue Technologien sowie ihrer Zusammenhänge und Verstärkungsmechanismen aufgebaut werden. Parallel dazu ist es jedoch zwingend notwendig, alte Denkweisen und Muster über Bord zu werfen, da sie uns daran hindern, dass wir uns auf das Neue einlassen und in unser berufliches wie privates Leben integrieren.

■ **Digitalisierungsstrategie mit Praxiserlebnissen und ganzheitlich**

Alle oben beschriebenen Technologien sowie der erwartete Nutzen für das Unternehmen sind maßgebliche Elemente einer Digitalisierungsstrategie. Dies greift jedoch zu kurz. Wie im *Techno-Organisatorischen Transformationsmodell* beschrieben, sollte

2

neben den Technologien auch Überlegungen zur Anpassung der Organisationsstruktur sowie der Entwicklung von Mitarbeitern Teil der Digitalisierungsstrategie sein. Die Strategie lässt sich jedoch erst definieren, wenn sich Unternehmenslenker und deren Digitalisierungsexperten genügend Wissen über die neuen technologischen Möglichkeiten angeeignet und die organisatorischen Anpassungen durchdacht haben. Dabei reicht es nicht aus, ein oder zwei Veranstaltungen pro Jahr zu besuchen oder an einer Weiterbildung zum Thema „Digitale Transformation" oder „Arbeiten 4.0" teilzunehmen. Es braucht Hands-On-Erlebnisse und Erfahrungen. Unternehmen sollten erste einfache Prototypen umsetzen. Sie sollten ihren Mitarbeitern ermöglichen, mit den neuen Technologien bis zu einem definierten Handlungsrahmen zu experimentieren. Je nach Unternehmensgröße können zum Beispiel zwei bis drei Teams zu identifizieren, die mit neuen Organisationsformen experimentieren. Aus den Erkenntnissen wird eine „Minimal-Viable-Digitalisierungs-Strategie" entwickelt. Diese kann nach drei bis maximal sechs Monate an Veränderungen des Marktes, der zur Verfügung stehenden neuen Technologien und interner Erkenntnisse iterativ angepasst werden.

Was wir in diesem Zusammenhang als sehr hilfreich erachten, ist der regelmäßige Erfahrungs-Austausch zwischen Unternehmen und mit dem Ecosystem des Unternehmens. Dazu dienen zum einen Plattformen wie Industrie 4.0 in Deutschland oder Industrie2025 in der Schweiz. Neben diesen landesweiten Plattformen entstehen zum anderen gerade verschiedene, industriespezifische Plattformen oder Netzwerke. Unternehmen sollten in ihrem Umfeld recherchieren, welche Plattform oder welches Netzwerk für sie relevant sein könnte. Sie sollten neugierig und offen sein und auch in diesem Kontext experimentieren.

▪ Awareness im gesamten Unternehmen schaffen

Das intelligente Unternehmen sorgt für Transparenz und Aufklärung. Unserer Meinung nach sollte jeder Mitarbeiter ein Basisverständnis der neuen Technologien haben. Dies gelingt in der Regel sehr einfach dadurch, dass man diese neuen Technologien anhand alltäglicher Beispiele erläutert. Die meisten Mitarbeiter sind sich nicht bewusst, dass die digitalen Gadgets, die sie täglich benutzen, wie beispielsweise ein Fitness-Tracker oder ein Smartphone, nach genau denselben technischen Logiken funktionieren, wie wenn IoT in Anwendungsfällen des Unternehmens benutzt wird. Siri von Apple oder Alexa von Amazon nutzen Künstliche Intelligenz, um Daten zu erheben und uns Vorschläge auf Basis unserer Vorlieben zu machen. Die Daten sind in Cloud-Lösungen gespeichert und werden dort analysiert. Im Kontext von Organisation 4.0 kann die Familie als Analogie herangezogen werden. Denn das Zusammenleben in Familien funktioniert häufig auch nicht mehr hierarchisch wie noch vor 20–30 Jahren. Auf Basis von Vertrauen, Wertschätzung und gegenseitigem Respekt hat sich eine neue Art des Miteinander etabliert.

▪ CEO-Commitment einholen und Stakeholder involvieren

Technologie-Projekte in der Welt 4.0 müssen zwingend vom CEO unterstützt werden. Fehlt dessen Commitment und Verständnis der Welt 4.0, ist es extrem schwierig, solche komplexen Vorhaben, die in der Regel eine Zusammenarbeit über Abteilungs- und Unternehmensgrenzen hinweg notwendig machen, erfolgreich abzuwickeln. Vor allem in hierarchisch organisierten und geführten Unternehmen kommt es zu Macht-Rangeleien und der Weigerung, Kern-Mitarbeiter für Digitalisierungsprojekte zur Verfügung zu stellen, da das Tagesgeschäft Vorrang hat.

Technologie 4.0 Projekte betreffen verschiedene Anspruchsgruppen, im eigenen Unternehmen und auch bei Kunden und Partnern, also im Ecosystem. Wir sehen, dass viele IoT- oder KI-Vorhaben heute scheitern, weil verpasst wurde, zum richtigen Zeitpunkt die notwendigen Stakeholder im Unternehmen zu involvieren und/oder zu informieren.

Beispiel

So hatten 2 Produktentwickler eines hierarchisch organisierten Maschinenbauers eine Idee, wie man mittels IoT in Echtzeit Prozessparameter optimieren kann und damit die Maschine effizienter wird. Anstatt mit der Idee zu ihrem Vorgesetzten zu gehen und die IT-Abteilung über das Vorhaben zu informieren, wurde eine IoT-Cloud-Lösung benutzt, eine monatliche Gebühr für die Nutzung bezahlt und ein IoT-Entwickler beauftragt, den Anwendungsfall zu programmieren. Nicht beachtet wurde jedoch, dass parallel zu diesem Anwendungsfall eine strategische Evaluierung einer IoT-Plattform auf Ebene der Geschäftsleitung lief. Als das IoT-U-Boot-Projekt bekannt wurde, gab es nicht etwa Anerkennung, sondern es wurde genau das Gegenteil von dem erreicht, was die ursprüngliche Absicht war, nämlich kreativ neue Ideen zu generieren und umzusetzen.

ACHTUNG: in der Welt 4.0 sind solche Eigeninitiativen explizit erwünscht. Bedingung ist jedoch, dass die notwendigen Organisationsstrukturen und Governance-Modelle geschaffen wurden, sodass durch Selbstorganisation und Selbstverantwortung Agilität und Kreativität sozusagen von Innen entstehen kann.

- **Iterativ vorgehen, Co-Kreation sowie analoge Methoden nutzen**
„Wenn sie 100% sicher sein wollen, werden sie 100%-ig zu spät sein". Technologie 4.0 Projekte brauchen ein anderes Denken: Zunächst mit einer Wasserfall-Methode drei Monate konzipieren und dann ein Jahr umsetzen funktioniert nicht mehr. Unternehmen, die ganz am Anfang der Digitalen Reise stehen empfehlen wir folgende Vorgehensweise:
- Schritt 1: Co-Kreations-Workshop – Zielbild und Vision generieren
  Zielsetzung des ersten Co-Kreations-Workshops ist es, ein gemeinsames Zielbild und eine Vision für die Digitale Transformation zu generieren. Diese dient vor allem dazu, dass alle in die gleiche Richtung arbeiten. Es wird mit analogen Methoden und Bildern gearbeitet, da diese länger in unserem Gehirn gespeichert werden können als Worte. Das Ergebnis wird gemeinsam visualisiert und im Unternehmen sichtbar gemacht.
- Schritt 2: Co-Kreations-Workshop – Ideen und Roadmap entwickeln
  Zielsetzung des zweiten Co-Kreations-Workshops ist es, 3–5 Ideen zu identifizieren, zu beschreiben und auf eine Roadmap zu legen. Gestartet wird mit einem Impuls, bei dem die neuen Technologien und Organisationsformen erläutert werden und zwar anhand konkret umgesetzter Beispiele. Es wird methodisch nach Design-Thinking Prinzipien gearbeitet. Gamification wird genutzt, um das Erleben in den Vordergrund zu stellen. Suchen sie eine Beraterin oder einen Berater, der nachweislich Erfahrung mit Technologien der Welt 4.0 sowie modernen Organisations-Konzepten hat.
- Schritt 3: Vom Proof-of-Concept zum marktreifen Produkt/Service
  Beginnen Sie mit Prototypen, lernen Sie daraus und entwickeln diese iterativ mit agilen Projektmethoden weiter. Technische Proof-of-Concepts lassen sich innerhalb 6–8 Wochen kostengünstig realisieren. Etablieren sie den Begriff „Minimum Viable Product (MVP)" in Ihrem Unternehmen. Ein MVP dient dazu, internen Stakeholdern sowie Kunden sehr früh im Entwicklungszyklus etwas Funktionsfähiges zu zeigen. Kunden können frühzeitig während des Entwicklungsprozesses Feedback

2

geben, was dann in die nächste Version des MVP mündet. Durch diese experimentelle Vorgehensweise lernen Unternehmen den Umgang mit neuen Technologien spielerisch, Schritt für Schritt. Die Arbeit mit MVPs ist außerdem ein machtvolles Change-Instrument auf der Digitalen Reise.

- Schritt 4: Minimum Viable Digitalisierungs-Strategie entwickeln
  Mit den Erfahrungen aus den Proof-of-Concepts und den MVPs können Sie nun eine „Minimum Viable Digitalisierungs-Strategie" für Ihr Unternehmen entwickeln. Diese ist nicht so wie in der Welt 3.0 für 3–5 Jahre in Stein gemeißelt, sondern offen für Anpassungen. Unternehmen, die mit dieser Methode arbeiten, Reflektieren in der Regel im 3–6-Monats-Rhythmus.
- Schritt 5: Umsetzung und Wertgenerierung
  Haben Sie die oben beschriebene Vorgehensweise und Methoden in Ihrem Unternehmen etabliert, steht der kontinuierlichen Generierung neuer Ideen und Geschäftsmodelle nichts mehr im Wege. Sie haben einen großen Schritt in Richtung Unternehmen 4.0 genommen. Regelmäßige Reflexions-Meetings unterstützen, Vorgehensweise und Methoden zu hinterfragen und bei Bedarf den Marktbedürfnissen anzupassen.

Digitale Transformation gelingt nur mit Veränderungsbefähigung

Was auch weiterhin und wahrscheinlich viel mehr für Technologie-Projekte in der Welt 4.0 gilt: Die meisten Projekte werden nicht an der Technologie scheitern, sondern an der Veränderungs-Resistenz von Menschen, komplexen organisatorischen Strukturen und politischen Machtspielen innerhalb des Unternehmens sowie in dessen Umfeld (Partner, Aufsichtsrat, Verwaltungsrat etc.). Etablierte Change-Tools und -Methoden greifen zu kurz, da sie auf Prinzipien und Annahmen beruhen, die für die Welt 3.0 gültig waren, nicht jedoch mehr für die Welt 4.0. Aus diesem Grund haben wir das ganzheitliche *Techno-Organisatorische Transformationsmodell* sowie den *Kompass für das Unternehmen 4.0* entwickelt. Beide unterstützen Unternehmen dabei, das Zusammenspiel von Technologie, Organisation und dem Menschen zu verstehen sowie den notwendigen Veränderungsprozess auf allen Ebenen zu unterstützen. Ein extrem wichtiges Element im Rahmen dieses Veränderungsprozesses ist, dass sie ihre Mitarbeiter dabei unter die Arme greifen, sich persönlich weiterzuentwickeln. Dies ist mit einem „normalen" Ausbildungs-Konzept nicht oder nur beschränkt möglich. Intelligente Unternehmen starten mit der Sinnvermittlung. Wenn Mitarbeiter den Sinn verstanden haben, den das Unternehmen mit der Digitalen Transformation verfolgt und sie sich damit identifizieren können, ist ein großer Schritt in Richtung Veränderungs-Befähigung getan. Ängste können reduziert werden und es besteht die Möglichkeit, das volle Potential der Mitarbeiter zu entwickeln, was einen bisher nicht dagewesenen Produktivitäts-Schub erzeugt.

Auf Partnerschaften setzen

Versuchen Sie nicht, alles alleine zu schaffen. Dazu sind die neuen Technologien der Welt 4.0 zu komplex. Sie entwickeln sich so schnell weiter (exponentiell halt), dass es nur Spezialisten gelingen wird, hier Schritt zu halten. Bauen Sie ein Partner-Ecosystem von Spezialisten auf, mit denen Sie eng und partnerschaftlich zusammenarbeiten. Weiterhin in einem klassischen Kunden-Lieferanten-Verhältnis zu agieren, wird Sie nicht weiterbringen. Ein strategischer Partner muss sich als Teil des Unternehmens fühlen, erst dann wird er mit voller Energie an der Umsetzung digitaler Projekte mitarbeiten und alles dafür tun, dass sich der Erfolg einstellt. Gehen Sie auch hier iterativ vor. Recherchieren Sie, welche Spezialisten es in den entsprechenden Gebieten gibt oder fragen Sie Ihr Netzwerk nach Empfehlungen. Experimentieren Sie gemeinsam mit potentiellen neuen strategischen Partnern. Arbeiten Sie mit ihnen in kleinen Projekten, Proof-of-Concepts oder der Entwicklungen eines Teams in Richtung agiler Organisationsformen, bevor Sie sich entscheiden. Stellen Sie auch Ihre bestehenden Partner infrage. Diese haben sie mit ihrem Wissen und ihren Methoden aus der Welt 3.0 dahin gebracht, wo sie jetzt sind. Sind sie jedoch die Richtigen für die Welt 4.0?

- **Raus aus den Silos kommen**

Der zentrale Erfolgsfaktor von Technologie 4.0-Lösungen ist die Zusammenarbeit über Unternehmensgrenzen hinweg. Dies liegt daran, dass z. B. IoT-Lösungen dann den größten Mehrwert erzeugen, wenn nicht nur Daten des eigenen Unternehmens genutzt werden, sondern auch Daten aus anderen Quellen wie Wetterdaten, Marktdaten, Daten aus sozialen Medien oder Daten von Partnern, Kunden oder sogar Wettbewerbern. Stellen Sie sich die Frage, welche Daten aus Ihrem Ecosystem notwendig wären, um spezielle Anwendungsfälle entwickeln zu können. Treten Sie in Kontakt mit Ihrem Ecosystem und teilen Ihre Ideen. Organisieren Sie Co-Innovations-Netzwerke oder treten einem bestehenden Netzwerk bei. Seien Sie Vorreiter und entwickeln eine Plattform für den Austausch von Daten innerhalb Ihres Ecosystems. Denn genau so haben es die heute wertvollsten Unternehmen der Welt gemacht: Facebook, Google und Amazon.

- **In die Zukunft schauen**

Beobachten Sie zukünftige Entwicklungen, sei es im Umfeld von technologischen, aber auch organisationstheoretischen Neuerungen. Exponentielle Kurven bei mittlerweile bekannten Technologien wie IoT, Blockchain oder Künstlicher Intelligenz können nämlich sehr tückisch sein. Die Entwicklung beginnt ganz langsam (0,01, 0,02, 0,04, 0,08, 0,16 etc.). Ab einem bestimmten Wendepunkt beschleunigen sie sich jedoch so dramatisch, dass es für Unternehmen schwierig bis unmöglich ist, der Geschwindigkeit standzuhalten (4, 8, 16, 32, 64 etc.). Was, wenn dann noch eine ganz neue Technologie entsteht, die das Unternehmen vorher nicht auf dem Radar hatte?

Ein Beispiel einer solchen Neuerung ist die Entstehung von Daten-Handelsplattformen im Business-to-Business Kontext. In den nächsten 3–5 Jahren werden solche Plattformen Einzug in alle Industrien und Branchen halten. Daten-Handelsplattformen werden es erlauben, eigene Daten (Maschinendaten, Prozessdaten etc.) zu verkaufen oder Daten von anderen Unternehmen einzukaufen. Die Künstliche Intelligenz der Handelsplattform wird basierend auf Angebot und Nachfrage den Preis bestimmen und die finanzielle Abwicklung durchführen.

2.3 Organisation 4.0

Organisation 4.0 ist die nächste Dimension im Rahmen der digitalen Reise. Hier geht es darum, sich als Unternehmen Gedanken darüber machen, wie ein auf den Kunden und den Markt ausgerichtetes agiles Organisationsdesign aussehen kann. Klar ist, dass eine zu 100 % hierarchisch strukturierte Organisation weder in der Lage ist, schnell auf Marktveränderung zu reagieren, noch die Kreativität und Innovationskraft der Mitarbeiter zu aktivieren, um langfristig wettbewerbsfähig zu bleiben. Es gibt bereits heute viele Unternehmen, die den Schritt von einer hierarchischen in eine agile Organisationsstruktur gemeistert haben und aufgrund dieser neuen Art zu Arbeiten erfolgreicher sind, als ihr Wettbewerb. BUURTZORG (▶ www.buurtzorg.com), ein ambulanter Krankenpflegedienst aus Holland ist ein tolles Beispiel, an dem Unternehmen aus allen Branchen lernen können. Jos de Blok, der Gründer des Unternehmens, hat 2007 mit 4 Pflegekräften und einer Idee gestartet. Heute zählt das Unternehmen 10.000 Mitarbeiter. Sein Ziel war die „Wahrung der Eigenständigkeit und Unterstützung der Unabhängigkeit" in der Pflege. Sein Motto: „Menschlichkeit vor Bürokratie".

Unternehmenslenker und Digitalisierungsverantwortliche sollten sich folgende Fragen stellen:

— Welche zukünftigen Bedürfnisse und Herausforderungen haben unsere Kunden?
— Wie sieht unser Bild von unserer Zukunft aus?
— Passt die heutige Organisationsform zu den zukünftigen Bedürfnissen?
— Wo in unserer Organisation geht Energie verloren? Wo schwächen wir uns selbst?
— Von welcher organisatorischen DNA sind wir geprägt?
— Was bedeutet Agilität für uns und in welchen Bereichen wird diese benötigt?
— Wie schaffen wir eine agile Organisation mit veränderungsbereiten und resilienten Mitarbeitern, die Freude an der ‚smarten' Arbeit haben?
— Wie können wir auf der einen Seite Bestehendes erhalten und auf der anderen Seite Neues erschaffen?
— Wie sieht unser Modell des „Unternehmen der 2 Geschwindigkeiten" aus? Brauchen wir das?

2.3.1 Merkmale der 3. Industriellen Revolution

■ **Organisationsverständnis**

Das Organisationsverständnis hat sich seit Mitte des 19. Jahrhunderts parallel zu den in beschriebenen industriellen Revolutionen entwickelt (vgl. ◨ Abb. 2.8). Die jeweils bestehenden Menschenbilder haben das Organisationsverständnis stark geprägt (Steiger und Lippmann 2013, S. 18).

Eine Vielzahl von Unternehmen ist noch sehr vom traditionellen Organisationsverständnis geprägt. Dessen Hauptmerkmale sind:

— Funktionale Organisationsstruktur (vgl. ◨ Abb. 2.9)
— Abgrenzung von Aufgaben- und Verantwortungsfeldern
— Kommunikation über Hierarchien

Funktional aufgebaute Organisationen haben wenige Bezüge zum Markt, sind statisch und nehmen Komplexität nur eingeschränkt wahr (Steiger und Lippmann 2013, S. 21).

Mit Einzug der 3. Industriellen Revolution (Automatisierung) in den 1980er und 1990er Jahren, haben vor allem die Komplexität sowie die Veränderungsgeschwindigkeit des Marktes massiv zugenommen. Treiber der Komplexität waren die zunehmende Globalisierung des Marktes und der damit einhergehende erhöhte Kostendruck.

Tab. 2.1. Perspektiven und Grundprinzipien historischer Organisationsverständnisse. (In Anlehnung an Probst, Gilbert J.B.; Organisation: Strukturen, Lenkungsinstrumente und Entwicklungsperspektiven. © 1992 verlag moderne industrie, 86895 Landsberg/Lech. www.redline-wirtschaft.de. Mit freundlicher Genehmigung des Verlages)

Perspektive	Ökonomisch-rational	Verhaltenswissenschaftlich	Systemisch
Entstehung	Seit Mitte 19. Jahrhundert	1920er-Jahre	1970er-Jahre
Zugrundeliegendes Menschenbild (▶ Kap. 1 »Menschenbild«	»economic man«	»social man«	»complex man«
Prinzipien der Organisation	— Rentabilität — Aufgabenbezogene Organisationsgestaltung — Effiziente Mittelverwendung — Wissenschaftlicher, betriebswirtschaftlicher Ansatz — Kostenüberwachung — Zentralisierte Autorität und Verantwortung — Disziplin — Begrenzte Leistungsspanne — Standardisierte Abläufe — Konzentration auf formale Aspekte — Maximierung	— Dezentralisierung der Machtbefugnisse — Selbstverwirklichung — Befriedigung persönlicher Bedürfnisse — Arbeit in der Gruppe — Partizipation und Motivation — Gutes Betriebsklima — Vertrauensfundierte Organisation — Übertragung von mehr Verantwortung — Konsens und Dialog — Betonung der informellen Aspekte	— »Überleben« durch Anpassung und Flexibilität — Effektivität (Nutzenoptimierung) — Umgang mit Komplexität — Selbstorganisation — Zentralisieren und Dezentralisieren — Das System beeinflusst die Umwelt, die Umwelt beeinflusst das System — Statt Ideallösung eine Varietät möglicher Verhaltensweisen — Ganzheitliche Problemstellung — Nutzung von Synergieeffekten — Information und Kommunikation als Regulierungsfaktor — Das Unternehmen als Netzwerk von Interaktionen
Zentrales Leitmotiv	Machbarkeit	Motivation	Selbstorganisation

Abb. 2.8 Perspektiven und Grundprinzipien historischer Organisationsverständnisse. (Steiger und Lippmann 2013, S. 18)

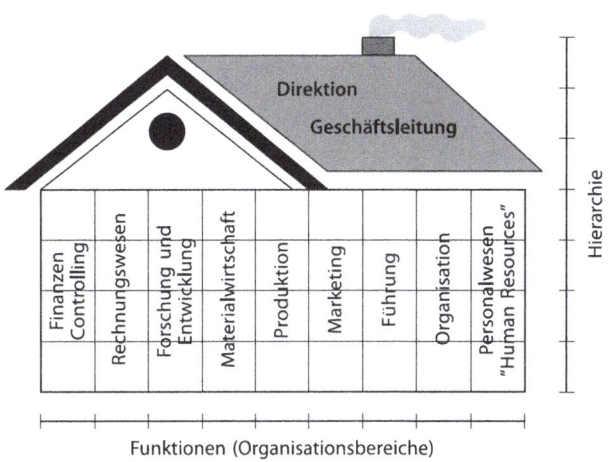

Abb. 2.9 Funktionales Organisationsverständnis. (Steiger und Lippmann 2013, S. 21)

2

2.3.2 Merkmale der 4. Industriellen Revolution

Mit Einzug der 4. Industriellen Revolution (Vernetzung) werden sich die Anforderungen an Unternehmen nochmals massiv verändern. Wertschöpfungsketten müssen zukünftig über Unternehmensgrenzen hinweg betrachtet werden (Wertschöpfungs-Netzwerke) und Kundenbedürfnisse ändern sich rasant. Der Trend zu personalisierten Produkten (Losgröße 1 in der Variantenfertigung) sowie immer kürzer werdende Lieferzeiten setzen Unternehmen enorm unter Druck. Unternehmen, die weiterhin auf das traditionelle Organisationsverständnis setzen, werden nicht in der Lage sein, auf diese Marktanforderungen, sowie den veränderten Bedürfnissen künftiger Arbeitnehmer (Generation Y, Z) adäquat zu reagieren (Steiger und Lippmann 2013, S. 21).

Wie in ▶ Abschn. 1.2 beschrieben, ist das Dilemma von Unternehmen und deren Führungskräften, dass sie zwar optimal aufgestellt sind für das, was sie gerade tun, aber nicht für das, was sie morgen tun sollen. Ein Grund für das Festhalten an alten Strukturen und Prozessen finden Gloger und Rösner (2014, S. 11) darin, dass in den meisten Unternehmen alternde Baby-Boomer ihre Machtpositionen beschützen wollen. Neue und kreative Impulse werden deshalb nicht zugelassen, weil die Älteren die Möglichkeiten nicht verstehen, die im Befähigen der Mitarbeiter zur Eigenverantwortung und des miteinander Arbeitens stecken.

Wir haben in unseren Beratungsmandaten im Rahmen von Transformationsprojekten in die Welt 4.0 ähnliche Erfahrungen gemacht, können also die Sichtweise von Glogner/Rösner bestätigen. Zusätzlich ist jedoch auch eine große Verunsicherung und Angst bei Unternehmenslenkern und Führungskräften wahrzunehmen, die mit dem Schritt in das Abenteuer der 4. Industriellen Revolution verbunden sind. Solange jedoch die Angst größer ist als der Mut, werden Unternehmen weiterhin zögern, den ersten Schritt in die Umsetzung zu tun. Vor allem das Top-Management muss verstehen wollen, warum der bisherige Weg nicht ans gewünschte Ziel führt, was die Erfolgsfaktoren der Zukunft sind und wie zukünftige agile Organisationsmodelle aussehen können.

Zusammengefasst sollten sich Unternehmenslenker und Führungskräfte mit den in ◼ Abb. 2.10 gezeigten, sich veränderten organisatorischen Rahmenbedingungen auseinandersetzen.

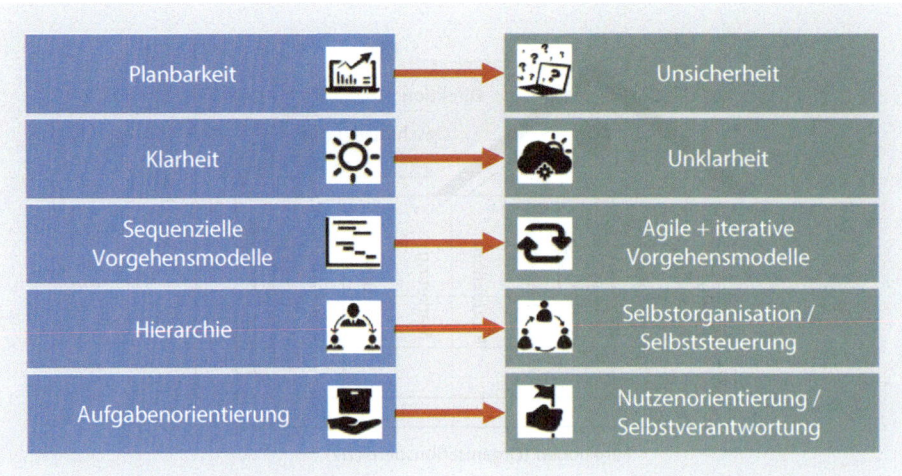

◼ **Abb. 2.10** Auswirkungen auf Organisationen

- **Organisatorisches Konzept für Komplexität**

Wie auf die im Vergleich zur 3. Industriellen Revolution nochmals erhöhte Komplexität, die weiter zunehmende Veränderungsgeschwindigkeit sowie die in ◘ Abb. 2.10 beschriebenen veränderten organisatorischen Rahmenbedingungen reagiert werden sollte, beschreibt das in ◘ Abb. 2.11 und 2.12 dargestellte Organisationsmodell nach Steiger und Lippmann.

Unternehmenslenker und Führungskräfte sollten ihr Unternehmen als „soziotechnisches System" verstehen, das klar auf eine Aufgabe aus der Umwelt, den Kunden und dem Markt, ausgerichtet ist.

Solche Systeme sind in der Lage, autonom ihr Aufgabenverständnis, ihre Strukturen sowie ihre Kultur zu entwickeln. Durch das Prinzip der Selbstorganisation bekommen sie eine eigene Identität. Im Unterschied zu funktionalen Organisationen haben soziotechnische Systeme die Fähigkeit, Abweichungen zwischen Erwartetem und dem, was ist, wahrzunehmen. Das Wahrnehmungssystem ist vielfältig, vernetzt und in der Lage, Komplexität zu beherrschen (Steiger und Lippmann 2013, S. 29).

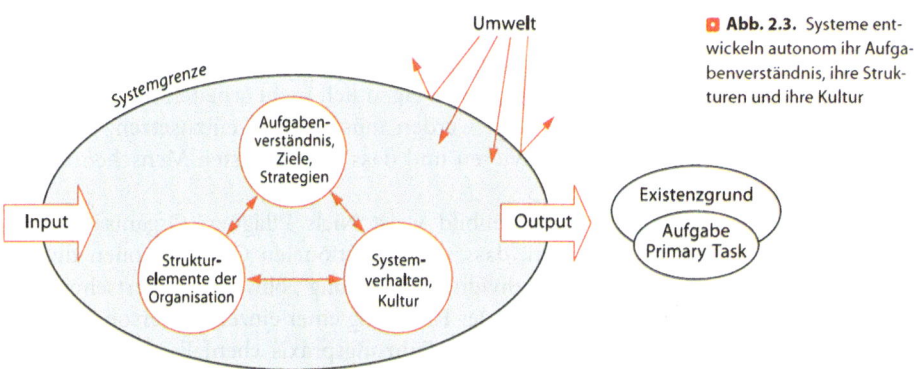

◘ **Abb. 2.3.** Systeme entwickeln autonom ihr Aufgabenverständnis, ihre Strukturen und ihre Kultur

◘ **Abb. 2.11** Soziotechnisches Organisationsmodell. (Steiger und Lippmann 2013, S. 24)

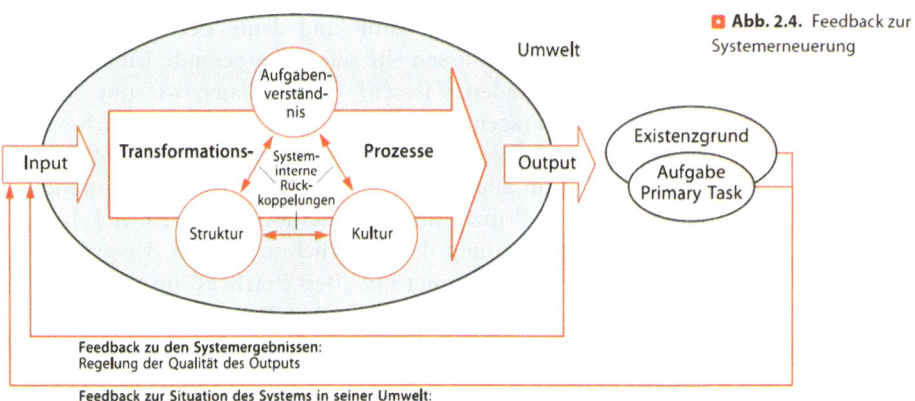

◘ **Abb. 2.4.** Feedback zur Systemerneuerung

◘ **Abb. 2.12** Soziotechnische Systeme sind rückkopplungsfähig. (Steiger und Lippmann 2013, S. 29)

Theorie X	Theorie Y
• Menschen sind grundsätzlich faul, passiv und schwierig	• Menschen wollen sich grundsätzlich einbringen, sind kreativ und haben Spaß bei der Arbeit
• Menschen müssen angereizt und kontrolliert werden, damit sie Leistung bringen	• Mensch und Organisation müssen integriert werden, damit das Potential entfaltet wird
• Menschen übernehmen ungern Verantwortung	• Menschen sind Verantwortungsbewusst
• Führung basiert auf Anweisung, Druck und Kontrolle	• Führung basiert auf Vertrauen, Selbststeuerung und Handlungsspielraum

■ **Abb. 2.13**   Menschenbilder der Theorie X und Y. (In Anlehnung an McGregor)

■ **Persönliche Haltung und Menschenbilder**

Bereits 1960 beschreibt Douglas McGregor in seinem Buch *The human side of Enterprise* (2006) zwei unterschiedliche Menschenbilder, vgl. ■ Abb. 2.13.

Für die Schaffung agiler und damit dynamikrobuster Organisationen ist das Theorie Y-Menschenbild eine notwendige Voraussetzung. Die Erfahrung aus unseren Beratungsmandaten zeigt jedoch immer noch – vor allem bei älteren Mitarbeitern – ein eher mechanistisch geprägtes Menschenbild (Theorie X). In diesem Menschenbild herrscht die Meinung vor, dass Menschen eigentlich nicht arbeiten möchten, dass sie mittels Anreizsystemen dazu bewegt werden müssen, sich einzusetzen, dass das Management dazu da ist, sie zu motivieren und dass die wenigsten Menschen in der Lage sind, kreativ zu sein.

Ergänzend zum Theorie Y-Menschenbild weist Niels Pfläging (Organisation für Komplexität, 2015, S. 34) darauf hin, dass viele funktionalen Organisationen durchdrungen sind von dem Dogma der „individuellen Leistung", obwohl die Wertschöpfung eines Unternehmens nur sehr selten von der Handlung einer einzelnen Person abhängt. Wir haben in unserer eigenen Berufs- und Führungspraxis ebenfalls die Erfahrung gemacht, dass Einzelbeurteilungen einen eher demotivierenden Effekt haben, wobei Team-Beurteilungen vor allem für jüngere Mitarbeiter ein Ansporn waren.

■ **Zielzustand der Organisation 4.0**

Wie sollte nun die agile Organisation der Zukunft und damit der organisationale Zielzustand für die Welt 4.0 aussehen? Müssen wir sofort das gesamte Unternehmen umkrempeln, kein Stein auf dem anderen lassen? Oder können wir uns schrittweise selbst ausprobieren? Diese Fragen sollte jedes Unternehmen für sich selbst beantworten. Wie bei der Nutzung neuer technologischer Möglichkeiten, gibt es auch hier kein Universalrezept, welches für alle Unternehmen in allen Branchen anwendbar ist. Vielmehr kann nach dem Lego-Prinzip das Organisationsdesign entwickelt werden, welches zur strategischen Ausrichtung des Unternehmens passt. Unternehmen sollten jedoch sehr vorsichtig sein, wenn Berater mit „Best Practices" im Kontext Welt 4.0 hausieren kommen. Nach unserer Meinung sind „Best Practices" hilfreiche Mittel aus der Welt 3.0, mit denen versucht wird, sich über Benchmarking und andere Methoden mit anderen Unternehmen zu vergleichen. Das Ziel dieser Handlungsweise ist, dass Unternehmen nicht etwa versuchen, ihren eigenen Weg zu gehen, sondern denen nachzueifern, die es auf Basis von Kennzahlen scheinbar besser machen als sie. Diese Methode ist nach Innen (Effizienzsteigerung) gerichtet und im Wettbewerb kann das Unternehmen maximal zweiter werden. Eine Differenzierung auf Basis neuer Geschäftsmodelle oder digitaler Services (nach Außen) ist damit nicht möglich.

Folgen wir der Logik von Pfläging (Organisation für Komplexität, 2015, S. 51), sind Organisationen sowohl Netzwerke einzelner Akteure (durch ihre informelle Struktur), als auch Netzwerke wertschöpfender Teams (durch ihre Wertschöpfungsstruktur). Informelle Strukturen entstehen aus der Interaktion zwischen Menschen, die Wertschöpfungsstruktur einer Organisation basiert auf Teams und ihren Interaktionen. Wertschöpfung entsteht im Miteinander-Füreinander zwischen Akteuren und Teams. Jede Organisation hat somit 3 Strukturen:

- Die formelle Struktur (Organigramm) zur Ausfüllung des gesetzlichen Gestaltungsraums (Verträge, Buchhaltung, Rechnungsstellung, Compliance etc.)
- Die informelle Struktur, in der sich das Soziale innerhalb eines Unternehmens organisiert
- Die Wertschöpfungsstruktur als der einzige Ort in Organisationen, an dem Leistung und Erfolg entstehen können.

Die 3 Strukturen in ◨ Abb. 2.14 sind miteinander verbunden und interagieren permanent. Ihre Balance ist das entscheidende Kriterium für organisationale Wirksamkeit und Leistungsfähigkeit.

Aus der Meta-Ebene betrachtet, sollte eine agile, dynamikrobuste Organisation aus einem Zentrum sowie einer Peripherie bestehen (vgl. ◨ Abb. 2.15).

In diesem Modell wird die Entscheidungsmacht dezentralisiert. Funktional integrierte Teams in der Peripherie haben den Zugang zum Markt und können autark Entscheidungen treffen. Sie sind in hohem Masse autonom, agieren als „Unternehmen im Unternehmen" und sind ganzheitlich verantwortlich für ihr jeweiliges Geschäft.

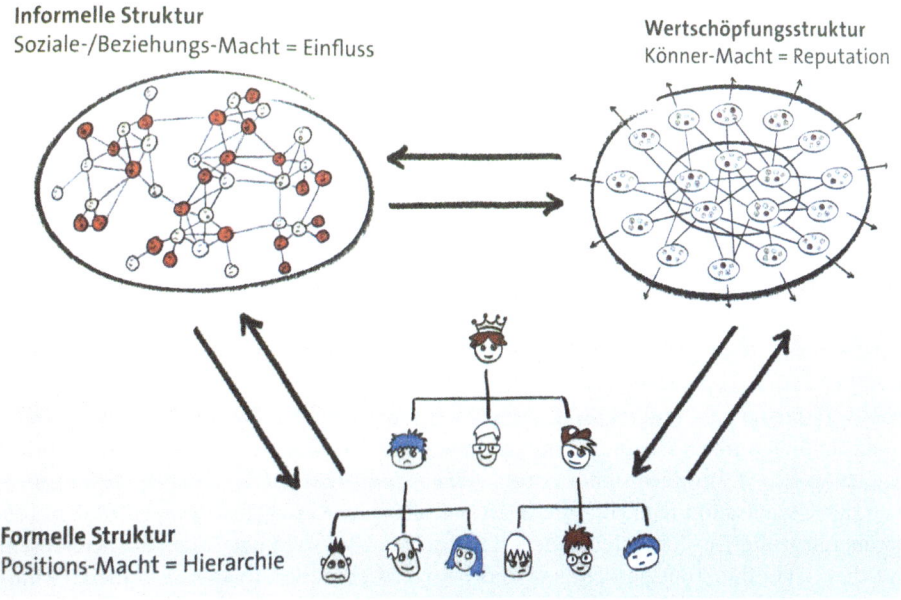

Informelle Struktur
Soziale-/Beziehungs-Macht = Einfluss

Wertschöpfungsstruktur
Könner-Macht = Reputation

Formelle Struktur
Positions-Macht = Hierarchie

◨ **Abb. 2.14** Die 3 Strukturen einer Organisation. (Pfläging, Komplexithoden, 2016, S. 27)

2

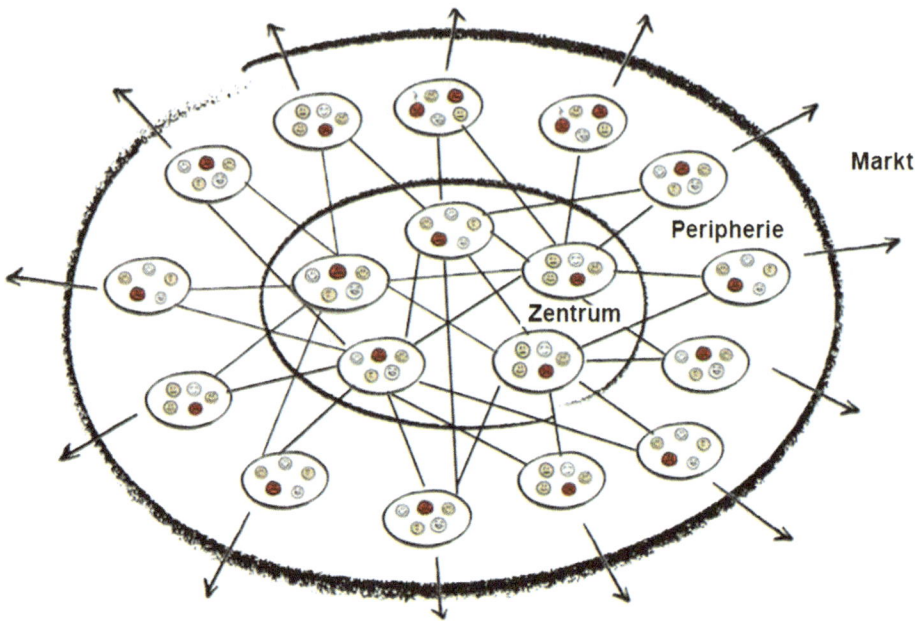

■ **Abb. 2.15**   Struktur einer dynamikrobusten Organisation. (Pfläging, Organisation für Komplexität, 2015, S. 74)

Die Rolle der zentralen Zellen ist die Versorgung der peripheren Zellen mit Leistungen, die sie nicht selbst erbringen können. Ihre Rolle ist, der Peripherie zu dienen, nicht sie zu beherrschen. Zentrale Dienstleistungen können z. B. in die Kategorien Personal, Finanzen, Recht, IT oder sonstige Experten-Center sein.

Für die Ausgestaltung des detaillierten Organisationsdesigns stehen unterschiedliche Organisationsstrukturmodelle mit ihren dahinterliegenden Philosophien, der notwendigen Governance und den damit einhergehenden Regeln zur Verfügung.

- Die „Soziokratische Kreisorganisation" nach Gerald Endenburg (1998)
- Die „Holakratische Kreisorganisation" nach Brian J. Robertson (2016)
- Die „Soziokratische Kreisorganisation 3.0" nach James Priest und Bernhard Bockelbrink (2015)
- Die „Netzwerkorganisation" nach Jan van Dijk (2006)
- Die „Kollegiale Kreisorganisation" nach Oestereich und Schröder (2017)

Soziokratische Kreisorganisation
Wie von Oestereich und Schröder (S. 73) beschrieben, ist die soziokratische Kreisorganisation – ähnlich wie die klassische funktionale Struktur – hierarchisch strukturiert (vgl. ■ Abb. 2.16). Im Kern steht der sog. Allgemeine Kreis, der das oberste Organ innerhalb der Organisation darstellt. Hierin ist vor allem die Geschäftsleitung zu finden. Der darüber liegende Top-Kreis stellt eine Art Aufsichtsrat/Verwaltungsrat dar, der gemeinsam mit dem CEO die Strategie definiert und beispielsweise über Themen wie die Gewinnausschüttung bestimmt. Jede Organisationseinheit (Kreis) hat genau einen Oberkreis. Im Unterschied zur klassischen funktionalen Struktur werden sog. Repräsentanten gewählt,

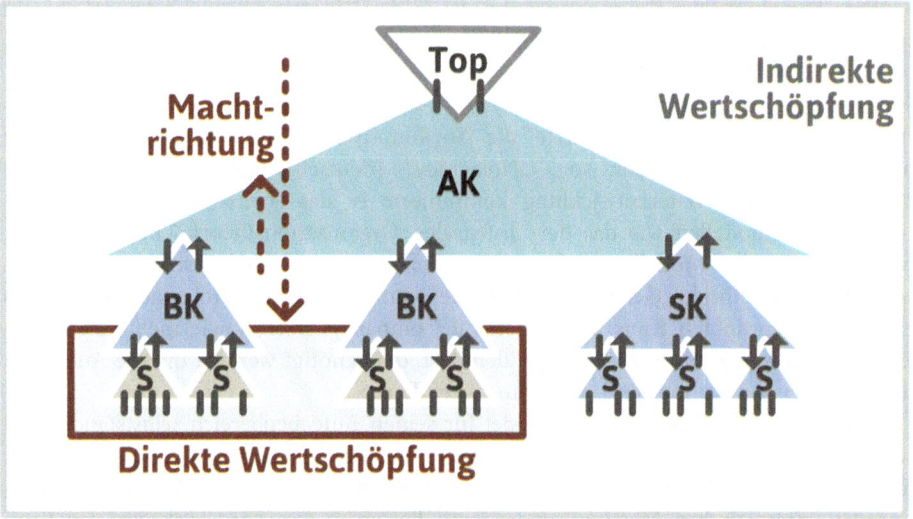

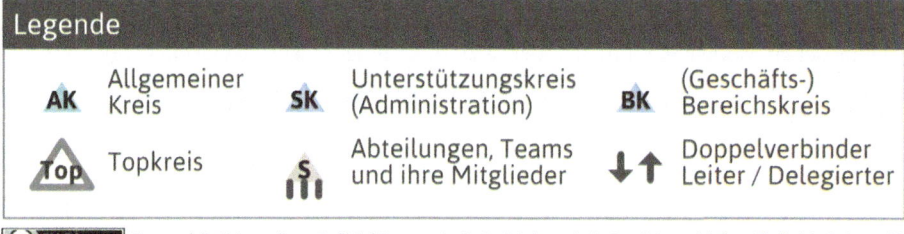

▶ **Abb. 2.16** Soziokratisches Organisationsmodell nach Oestereich und Schröder, S. 73

die Teil der Oberkreise sind. Damit wird die Integration und Kommunikation zwischen den Hierarchie-Ebenen sichergestellt.

Die 4 Grundprinzipien der Soziokratischen Kreisorganisation sind:
– Konsent als primäres Entscheidungsverfahren
– Aufgliederung der Zuständigkeiten in hierarchisch gegliederte Kreise
– Doppelte Verknüpfung zwischen den Kreisen
– Offene Wahl der Repräsentanten im Konsent

Das soziokratische Modell folgt folgenden Werten:
– Gleichwertigkeit aller Beteiligten
– Nutzung der Potentiale der Selbstorganisation
– Selbstverantwortung und Transparenz
– Inklusion (jede Stimme zählt und wird gehört)
– Empowerment durch Selbstwirksamkeit
– Wachstum des Individuums, des Teams und der Organisation

Wichtig ist zu verstehen ist, dass Konsent nicht gleich Konsens ist. Während beim Konsens alle an einer Entscheidung beteiligten Personen zustimmen müssen, reicht beim Konsent, dass keine der Personen aktiv dagegen ist.

Die „Soziokratische Kreisorganisation" ist in der Wirtschaft kaum bekannt, obwohl sie die Basis für viele der nun folgenden Strukturmodelle bildet.

Holakratische Kreisorganisation

Brian J. Robertson (2016) nutzte die Soziokratische Kreisorganisation als Basis und entwickelte diese zur sog. „Holacracy" (deutsch: Holakratie) weiter (vgl. ▣ Abb. 2.17). Zur Weiterentwicklung kombinierte er das soziokratische Modell mit Organisationsmodellen wie das der „Integralen Organisationstheorie" nach Ken Wilber, dem „Scrum"-Modell aus der agilen Software-Entwicklung, sowie der Selbstmanagement-Methode „Getting Things Done" von David Allen. Holacracy besteht aus einem übergeordneten Kreis, dem „General Company Circle" sowie mehreren Unterkreisen. In jedem Kreis werden Rollen definiert, die benötigt werden, um die Aufgaben, die dem Kreis zugeordnet sind, autonom zu erfüllen.

Jeder Kreis und jede Rolle entscheidet für seinen Aufgabenbereich selbstständig und selbstverantwortlich, ohne den Umweg über eine hierarchische Struktur zu nehmen. Kreisübergreifende Entscheidungen werden in 2 Gremien getroffen: den „Taktischen Meetings" und den „Strategischen Meetings". Jeder Kreis hat einen sog. Lead-Link, der den Kreis nach außen repräsentiert. Der Lead-Link wird vom Lead-Link des übergeordneten Kreises bestimmt, wodurch auch im holakratischen Modell eine Hierarchie entsteht. Werden im holakratischen Modell Spannungen identifiziert, kann jeder Mitarbeiter diese Spannungen in eines der Governance-Meetings (taktisch oder strategisch) einbringen. Die Meetings folgen einer strikt vorgegebenen Agenda und im Holacracy-Manifest klar definierten Regeln.

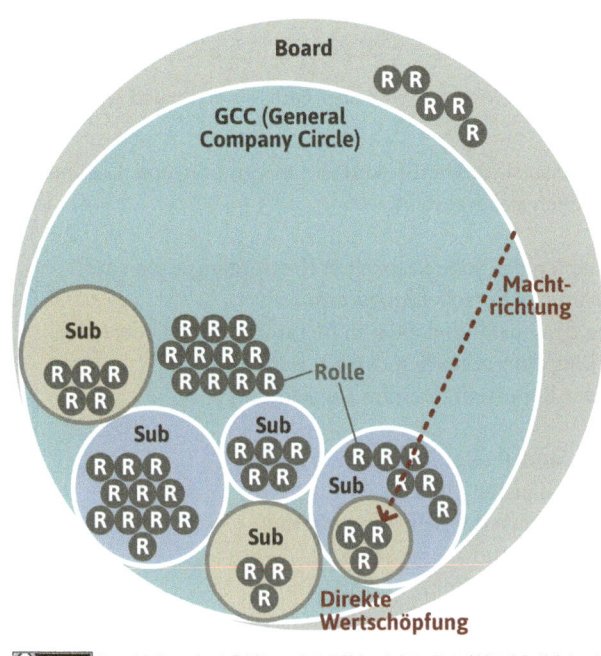

▣ **Abb. 2.17**   Holakratisches Organisationsmodell nach Oestereich und Schröder, S. 76

Die Grundwerte der Holakratischen Kreisorganisation sind die Folgenden:
- Selbstverantwortung und Selbstorganisation
- Sinn/Purpose
- Verteilte Entscheidungen
- Wertschätzung und Fairness
- Kundenorientierung
- Fachliche Exzellenz

Holacracy ist ein geschlossenes System, was dem Grundgedanken von Ecosystem sowie Sharing Economoy widerspricht. Trainings sowie Workshops zum Thema Holacracy sind teuer und dürfen nur von zertifizierten Trainern angeboten werden. Dies sind auch die größten Kritikpunkte von Holacracy: das Organisationsmodell wirkt formal und bürokratisch. Es lässt nur sehr wenig Spielraum und Flexibilität zu.

Soziokratie 3.0
Die Soziokratie 3.0 ist eine Weiterentwicklung der oben beschriebenen „Soziokratischen Kreisorganisation". Im Gegensatz zu Holacracy ist die Soziokratie 3.0 ein offenes Organisationsmodell. Es folgt der Grundphilosophien von „Value & Lean" und kann somit sehr gut mit Lean Management Prinzipien kombiniert werden. Alle heute und zukünftig verfügbaren Informationen stehen auf Basis einer „Creative Commons Free Culture Lizenz" zum Download unter ▶ www.sociocracy30.org zur Verfügung. Basis des Modells sind folgende 7 Grundwerte:
- Effektivität: Investiere Zeit nur für das, was dich dem Erreichen Deiner Ziele näherbringt.
- Konsent: Handle nur, wenn keiner der Betroffenen einen Einwand hat.
- Empirismus: Überprüfe alle Annahmen durch Experimente, achte auf kontinuierliche Revision und Falsifizierbarkeit.
- Kontinuierliche Verbesserung: Bevorzuge inkrementelle Veränderung, um stetiges empirisches Lernen zu ermöglichen.
- Gleichstellung: Beziehe Menschen in die sie betreffenden Entscheidungen und deren Entwicklung ein.
- Transparenz: Mache alle Informationen für jeden in der Organisation zugänglich, es sei denn, es gibt einen wichtigen Grund für Vertraulichkeit.
- Verantwortlichkeit: Handle, wenn es erforderlich ist; befolge, was du vereinbart hast und behalte die gesamte Organisation im Blick.

Als Grundlage für das agile Organisationsdesign bietet Soziokratie 3.0 sogenannte Muster. Ein Muster ist eine Vorgehensweise, um einer bestimmten Herausforderung erfolgreich zu begegnen. In der jetzigen Version stehen 70 Muster in folgenden Kategorien zur Verfügung:
- Mitgestaltung und Evolution
- Gemeinsame Entwicklung
- Mitgestaltung ermöglichen
- Organisationsentwicklung
- Soziokratie 3.0 einführen
- Klare Vereinbarungen
- Fokussierte Interaktionen
- Effektive Meetings

2

— Arbeitsorganisation
— Organisationsstruktur

Diese Muster sind als Basis zu verstehen und können den spezifischen Bedürfnissen eines Unternehmens angepasst werden.

Aus unserer Sicht bietet Soziokratie 3.0 einen großen Freiheitsgrad auf der digitalen Reise. Unternehmen können die zur Verfügung stehenden Informationen nutzen, um erste Experimente in ausgewählten Teams durchzuführen. Iterativ kann sich das Unternehmen an neue Marktanforderungen anpassen.

In ◘ Abb. 2.18 ist der Entwicklungsprozess der 3 oben beschriebenen Organisationsmodelle zusammengefasst.

Netzwerkorganisation
Nach Oestereich und Schröder (S. 78) zeichnet sich eine Netzwerkorganisation durch folgende Eigenschaften aus (vgl. ◘ Abb. 2.19):
— Das Netzwerk teilt Prinzipien sowie Werte und hat einen gemeinsamen Zweck
— Die Mitglieder im Netzwerk sind nur lose miteinander verbunden
— Das Netzwerk findet sich wiederholt, temporär und in unterschiedlichen Zusammensetzungen zusammen, um eine gemeinsame Handlung durchzuführen, z. B. eine Wertschöpfung für einen Kunden

Zwischen den einzelnen Mitgliedern des Netzwerks gibt es in der Regel keine vertraglichen Beziehungen, sodass ein Netzwerk in der Regel keine Hierarchie besitzt. Die Grenzen eines Netzwerks sind sehr dynamisch und instabil, da jederzeit neue Mitglieder hinzukommen können, falls Fähigkeiten benötigt werden, die bisher im Netzwerk nicht verfügbar waren. Durch die hohe Autonomie der einzelnen Mitglieder besitzt ein Netzwerk einen dezentralen Selbststeuerungs-Mechanismus. Aus eigener Erfahrung ist

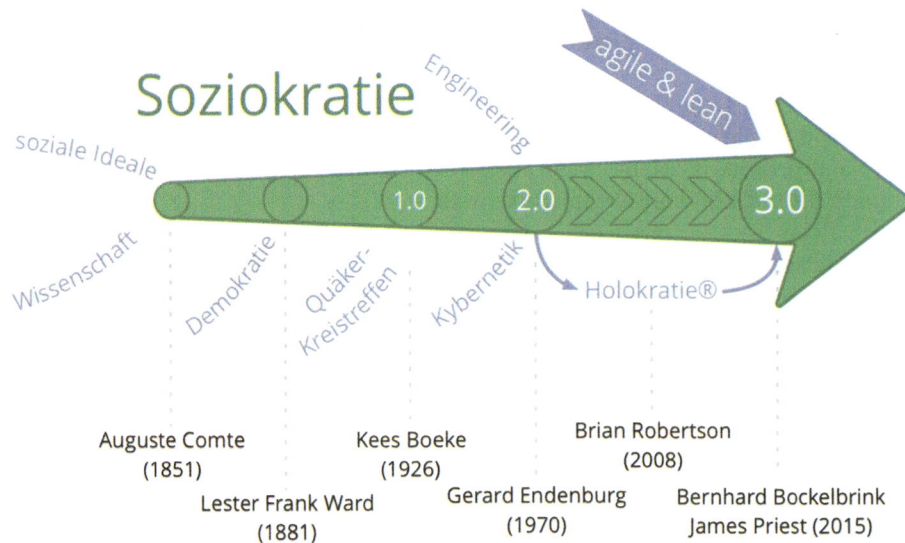

◘ **Abb. 2.18** Entwicklung Soziokratischer Organisationsmodelle. (▶ www.sociocracy30.org)

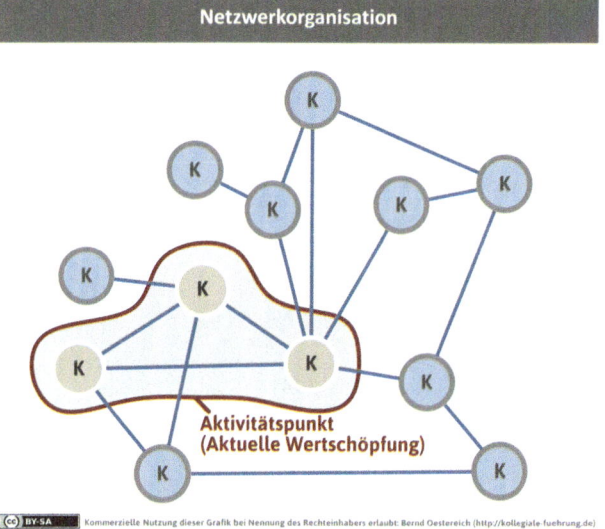

Netzwerkorganisation

Aktivitätspunkt
(Aktuelle Wertschöpfung)

Abb. 2.19   Netzwerkorganisation nach Oestereich und Schröder, S. 78

eine der größten Herausforderung in einer Netzwerkorganisation die Akquisition und Besetzung von neuen Projekten oder Vorhaben. Auf der einen Seite gibt es nämlich die eher passiven Mitglieder, die darauf warten, dass eine Anfrage aus dem Netzwerk kommt, ohne selbst in die aktive Akquise zu gehen. Auf der anderen Seite gibt es Mitglieder, die selbst gute interne und externe Kontakte haben und gut mit Aufträgen und Projekten versorgt sind (Engpass). Das „Konfliktpotential" kann durch eine intelligente Netzwerk-Governance und das Managen von unterschiedlichen Erwartungshaltungen reduziert werden, wodurch eine Netzwerkorganisation sehr erfolgreich sein kann.

Im Kontext der 4. Industriellen Revolution wird es zwingend notwendig sein, sich neben der internen Organisationsstruktur auch Gedanken darüber zu machen, wie sich Unternehmen im Ecosystem positionieren möchten. Setzen wir uns auf den Fahrersitz und steuern den Aufbau eines Ecosystems aktiv mit oder warten wir, bis sich ein Ecosystem gebildet hat und machen dann gegebenenfalls opportunistisch mit?

Kollegiale Kreisorganisation
Die von Oestereich und Schröder beschriebene „Kollegiale Kreisorganisation" (S. 80) ist eine Synthese aus soziokratischer und holokratischer Kreisorganisation, Netzwerkorganisation, Systemtheorie, systemischer Organisationsentwicklung sowie reflektierter Praxis agiler Unternehmen (vgl. Abb. 2.20). Im Kern des Modells stehen die Inhaber, welche auf strategischer Ebene die Ausrichtung der Gesamtorganisation in Richtung Markt und Kunde vorgeben. Bei der Entwicklung des Modells standen folgende Themen im Fokus:

- Die Führung der Organisation soll von den Kreisen und Rollen mit den direktesten Beiträgen zur Wertschöpfung ausgehen
- Keine ausschließliche Konstitution von oben nach unten, Kreise können sich wie in einer Netzwerkorganisation kreuz und quer verbinden
- Statt einer festen Wahl bzw. Bestimmung von Führungskräften mit vorgegebenen Verantwortungsbereichen werden differenziert gestaltbare Verantwortungsbereiche an passende Rollen oder Unterkreise übertragen
- Es können bedarfsweise unterschiedliche Entscheidungsverfahren genutzt werden

2

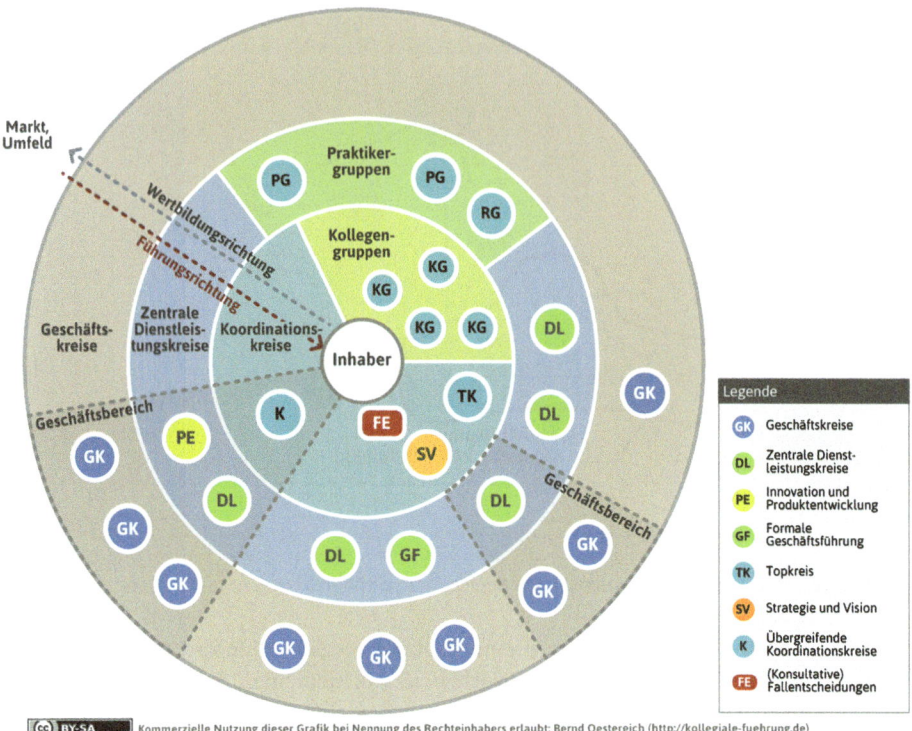

■ **Abb. 2.20**   Kollegiale Kreisorganisation nach Oestereich und Schröder, S. 80

Kunden werden von sog. Geschäftskreisen bedient. Dies sind die Kreise, die direkte Wertschöpfung in Richtung Kunde generieren. Wertbildende Leistungen sind in der Regel Produktion, Montage, Transport, Service oder Kundenberatung. Geschäftskreise beziehen Dienstleistungen von sog. Unterstützungskreisen. Dazu gehören z. B. Buchhaltung, Marketing, Personalwesen, IT, Forschung & Entwicklung, Verkauf und die Geschäftsleitung. Um die Zusammenarbeit der einzelnen autonomen Kreise zu unterstützen, gibt es sog. Koordinationskreise. Dazu zählen z. B. der Strategiekreis, der Top-Kreis mit der Geschäftsleitung oder ein Beratungskreis, der sich um notwendige Fallentscheidungen kümmert.

■ **Zusammenfassung der Design-Prinzipien für eine Organisation 4.0**

Nach intensiver Auseinandersetzung mit agilen Organisationsmodellen sowie eigener Erfahrungen in Führungsrollen und umgesetzten Transformationsprojekten, können die Design-Prinzipien für eine agile Organisation 4.0 wie in ■ Abb. 2.21 zusammengefasst werden.

Jedes der beschriebenen Organisationsmodelle hat seine Daseinsberechtigung sowie Stärken und Schwächen. Wie bereits erwähnt, sollte jedes Unternehmen für sich herausfinden, mit welchem agilen Organisationsdesign es die definierten Zukunftsziele erreichen möchte. Dazu ist es notwendig, dass sich das Unternehmen intensiv mit den Modellen beschäftigt und somit in der Lage ist, die Auswirkungen vor allem in der Transformationsphase abzuschätzen. Für die Veränderungsbegleitung und

Aufgabenverständnis, Ziele, Strategien	• Strategien und Ziele entstehen organisch aus kollektiver Intelligenz der selbstführenden Mitarbeiter • Handlungsleitender Sinn bzw. gemeinsame Absicht steht im Fokus
Strukturelemente der Organisation	• Organisation als verbundenes, lebendiges und vom Markt gesteuertes Netzwerk, in dem alle Akteure Verantwortung tragen • Selbstführung, selbstorganisierte Teams entlang gemeinsamer Absicht / Unternehmenszweck • Strukturierung der Arbeit in flexibel definierten Rollen, Bündelung von sinnvollen Fähigkeiten (Rollenportfolio anstatt Stellenprofil)
Systemverhalten	• Entscheidungen dezentralisiert durch Rollen-Inhaber basierend auf transparentem Beratungsprozess bzw. partizipativer Mitsprache-Prozesse • Vollkommene Transparenz an Information • Bewusster Umgang mit Konflikten • Agile und moderne Meeting-Praktiken & Räume zur Reflexion • Teamleistung im Vordergrund, Beurteilung per kollektivem Prozess
Kultur & Führung	• Kultur der Gemeinsamkeit & Ganzheit, Offenheit & Lebendigkeit, Selbstführung & Selbstregulation, Vertrauen & Zutrauen, Verantwortung & Leadership • Organisation als lebendiges System mit eigenverantwortlichen motivierten Mitarbeitern und breit verteilter Führung • Kopplung mit Umwelt hat hohe Relevanz und wird gestaltet durch alle Mitglieder der Organisation • Umgang mit Komplexität & Unvorhergesehenem, Leben mit Mehrdeutigkeiten und Unschärfen

Abb. 2.21 Design-Prinzipien für die agile Organisation 4.0

-befähigung während der Umsetzung des neuen Organisationsmodells dient der in ▶ Kap. 3 beschriebene *Kompass für das Unternehmen 4.0*.

Zusätzlich zu den oben beschriebenen agilen Organisationsmodellen gibt es noch weitere, teilweise bekannte und teilweise weniger bekannte Konzepte. Ein relativ bekanntes Konzept ist „Reinventing Organizations" von Frederic Laloux (2015). Dieses baut auf dem „Spiral Dynamics Prinzip" auf und zeigt anhand von 12 Unternehmen, wie diese sich von einem hierarchisch organisierten zu einem agil organisierten Unternehmen entwickelt haben. Dabei steht nicht das Organisationsdesign im Vordergrund, sondern der Zielzustand des Unternehmens, die Herausforderungen während der Transformation und wie diese Unternehmen es geschafft haben, den neuen Zustand zu leben. Ähnliche Konzepte sind „Responsive Org" oder „Lean Startup", die ebenfalls nicht als „Betriebsmodell" eines Unternehmens verstanden werden sollten, sondern als Grobkonzept, welches Unternehmen die Richtung vorgibt, in die sie sich entwickeln sollten.

■ **Arbeitsmethoden und Arbeitsformen der Organisation 4.0**

Neben der organisationalen Transformation von funktional organisierten Unternehmen zu dezentralisierten Netzwerk- oder Kreis-Organisationen, sollte ein weiterer Fokus auf agile Arbeitsmethoden und -formen (Strukturverhalten) wie z. B. Scrum oder Kanban gelegt werden. Laut Wikipedia ist Scrum (Wikipedia 2016) ein Vorgehensmodell des Projekt- und Produktmanagements. Scrum wurde ursprünglich in der Softwaretechnik entwickelt, ist aber davon unabhängig und wird inzwischen in vielen anderen Domänen eingesetzt. Scrum ist eine Umsetzung von Lean Development für das Projektmanagement. Bei Swisscom beispielsweise wird Scrum als Standardmethode für die Abwicklung interner wie externer Beratungs- und Implementierungsprojekte genutzt. Für die Konzeption sowie Umsetzung der IoT-Lösung „Smart Guard" für Meier Tobler wurde ebenfalls Scrum benutzt, um sicherzustellen, dass nur das umgesetzt wird, was deren Kunden benötigen. Der Ansatz von Scrum ist empirisch, inkrementell und iterativ.

Auch einer der ersten Teleshopping-Sender in Deutschland stellt sich den neuen Anforderungen an das Unternehmen und ersetzt innerhalb der IT das klassische Wasserfall Projektvorgehen durch Scrum. Für das Unternehmen ist die Einführung einer agilen Projektmanagement-Methode ein erster Schritt in Richtung „weg von funktionaler, hin zu agiler und dynamikrobuster Organisation".

In diesem Kontext ist es wichtig zu verstehen, dass Scrum nicht nur eine neue Art ist, wie Projekte abgewickelt werden. Vielmehr ist Scrum eine neue Haltung, nutzt neue Arbeitsweisen und fordert von Mitarbeitern Selbstorganisation und Selbstverantwortung. Die Art und Weise, wie zusammengearbeitet wird, verändert sich massiv. Scrum fordert und fördert das Y-Menschenbild nach McGregor und ist nach unserer Ansicht ein Beschleuniger auf der digitalen Reise zu einem agilen und dynamikrobusten Unternehmen. Denn eines ist mittlerweile klar: vorgegebene Strukturen ergeben Standard-Lösungen und Standard-Produkte, Diversität und Selbstorganisation in Teams fördert Kreativität und generiert innovative Lösungen, Services und Produkte.

2.3.3 Empfehlungen für den Wandel

- **Leadership neu definieren**

Der Wandel von der Welt 3.0 in die Welt 4.0 wird nur dann funktionieren, wenn Unternehmenslenker und Führungskräfte in Unternehmen verstanden haben, welche Mechanismen und Führungswerkzeuge nützlich sind, um den Übergang von einer hierarchischen zu einer neuen Unternehmensstruktur und -kultur einzuleiten und diese nachhaltig am Leben zu halten. Dabei reichen die bis heute gelehrten Management Fähigkeiten nicht mehr aus. Diese waren passend für eine hierarchisch strukturierte Organisation, die in der Regel mittels „Command & Control"-Mechanismen gesteuert wurde und heute vielfach noch wird. Grundlage dieses Mechanismus ist, dass Manager Top-Down eine Vielzahl von Steuerungskennzahlen für Unternehmensbereiche definieren und die Erreichung oder Nicht-Erreichung in regelmäßigen Abständen kontrollieren. Gibt es Abweichungen, werden Task-Forces ins Leben gerufen, die dafür sorgen sollen, die Abweichungen zu reduzieren. Je näher eine Berichtsperiode eines an der Börse gelisteten Unternehmen rückt, desto größer wird der Druck auf Führungskräfte und Mitarbeiter. Ein für viele Mitarbeiter ein frustrierender Prozess, der zu Stress und häufig zu Krankheit führt.

Um in der Welt 4.0 erfolgreich zu wirtschaften, braucht es eine andere Art der Führung. Führungskräfte müssen sich von Managern (Fokus auf Kontrolle) zu Leadern (Fokus auf Inspiration) entwickeln. John P. Kotter, Professor für Führungsmanagement an der Harvard Business School, versteht unter Leadership ein Verhalten, das Menschen Zukunftsvisionen zeigt und das sie dazu inspiriert, diese entgegen aller möglichen Widerstände zu verfolgen. Dabei geht es weniger um das Erreichen von Jahreszielen, sondern um positiv besetzte Visionen, die über rein finanzielle Aspekte hinaus Bestand haben. Leadership zeichnet sich durch folgende Eigenschaften aus:

- Vision & Zukunftsperspektive (Purpose) vermitteln
- Vertrauen schenken
- Neugierde wecken
- Eigene Begeisterung teilen
- Transparenz auf allen Ebenen schaffen
- Inspiration durch Co-Kreativität fördern
- Wertschätzung und Respekt zeigen
- Vom ICH zum WIR

Google (2018) hat über die letzten 10 Jahre analysiert, welche Verhaltenseigenschaften einen „echten" Leader ausmachen und kommt zu folgenden Resultaten (► https://www.inc.com/justin-bariso/google-spent-a-decade-researching-what-makes-a-great-boss-they-came-up-with-these-10-things.html).

Ein echter Leader:

- ist ein guter Coach
- befähigt das Team und betreibt kein Mikro-Management
- schafft eine Team-Umgebung die sowohl den Fokus auf Erfolg als auch auf das Wohl der Mitarbeiter legt
- ist produktiv und zielorientiert
- ist ein guter Kommunikator, hört zu und teilt Informationen
- fördert die persönliche Entwicklung der Mitarbeiter und reflektiert die Leistungen
- hat eine klare Vision und Strategie für das Team
- hat fachliche Skills in den Kern-Themen und unterstützt durch seine Ratschläge
- kooperiert und kollaboriert innerhalb und außerhalb des Unternehmens
- trifft Entscheidungen

Die wirkungsvollste Art, den Führungswandel „vom Manager zum Leader" zu unterstützen, ist ein Leadership-Programm zu initiieren. Dieses Programm wird in der Regel mit der Personalabteilung bzw. der Personalentwicklung ausgearbeitet und auf die spezifischen Bedürfnisse des Unternehmens abgestimmt. In diesem Leadership-Programm sollten zwingend alle Dimensionen der Welt 4.0 Raum bekommen: Technologie – Organisation – Mensch.

So hat beispielsweise Siemens die Programme „Boost Digitalization@SCM" sowie „#DigitalLeader" ins Leben gerufen mit dem Ziel, Mitarbeiter und Führungskräfte in den Bereichen Business Model, Technologie, Operations und People auszubilden und zu inspirieren. Der TÜV Nord hat 2018 das Projekt „Digital Academy" initiiert, um ihre Mitarbeiter zu Digitalexperten auszubilden und 1400 Führungskräfte der AXA Winterthur-Gruppe gehen durch ein speziell entwickeltes Ausbildungsprogramm.

In der Praxis zeigt sich, dass vor allem Top-Führungskräfte sowie Aufsichts- oder Verwaltungsrat zu wenig Kenntnisse der Welt 4.0 haben und sich des Dilemmas, welches in ► Kap. 1 beschrieben wurde, nicht ausreichend bewusst sind. Strategische Entscheidungen für die Zukunft des Unternehmens werden auf Basis alter Erfahrungen

2

und Kenntnisse getroffen und können fatale Folgen haben. Wir plädieren aus diesem Grund dafür, auch für diese Zielgruppe spezifisch entwickelte Ausbildungsprogramme zu entwerfen, um dieses nicht zu unterschätzenden Risiko zu reduzieren.

Beispiel

Hierzu ein Beispiel: aufgrund vieler Faktoren (Politik, Wirtschaft, Gesellschaft) wurde entschieden, auf der grünen Wiese ein neues Krankenhaus zu bauen. Die Bauzeit wurde auf 6 Jahre veranschlagt und das Budget liegt im 3-stelligen Millionenbereich. Ein neuer CEO wurde mit der Umsetzung des Vorhabens betraut. Dieser kommt aus dem Gesundheitswesen und kennt Prozesse und Strukturen anderer Krankenhäuser im Detail. Das Ziel des CEO ist jedoch nicht, die Identität des Krankenhauses gemeinsam mit Ärzten, Pflegekräften, Labor- oder Restaurant- Mitarbeitern zu überdenken und sich zu überlegen, wie in 6 Jahren die Zusammenarbeit im gesamten Gesundheits-Ecosystem aussehen könnte. Seine Wunschvorstellung ist, Top-Down eine Kulturveränderung anzuordnen und bestehende Prozesse zu optimieren. Sicher bringt das einen Nutzen für Patienten und Angestellte des Krankenhauses, jedoch bei weitem nicht in der Dimension, als wenn die Zeit genutzt worden wäre, das Krankenhaus 4.0 komplett neu zu denken.

▪ **Iterative Transformation der Organisation**

In den meisten Unternehmen wird es nicht möglich sein, von heute auf morgen in einem „Big-Bang" von einer hierarchischen auf eine soziokratische, holokratische oder kollegiale Organisationsmodelle umzustellen. Auch sind wir der festen Überzeugung, dass es vor allem bei größeren Industrie-Unternehmen immer Mischformen geben wird. Bei Mischformen arbeiten einige Bereiche weiterhin in einer hierarchischen Struktur, andere Bereiche arbeiten z. B. in einer kollegialen Struktur. Die Kunst dabei ist, ein intelligentes Governance-Modell zu etablieren, mit dem sich die beiden Strukturen nicht gegenseitig behindern, sondern idealerweise befruchten. Eine besondere Herausforderung dieser Hybrid-Formen ist es, die Kapazitäten der Mitarbeiter zu priorisieren. Eine agile Organisation arbeitet selbstorganisiert mit bereichsübergreifenden Teams. Hat ein Mitarbeiter auf der einen Seite eine Rolle in einem agilen Team und auf der anderen Seite seine Stelle in der Linie, kann es zu Spannungen kommen.

Wir persönlich durften die Erfahrung machen, bei einem Telekommunikations-Unternehmen ein kollegial organisiertes und geführtes Team innerhalb einer hierarchischen Struktur aufzubauen. Wichtige Elemente bei der Etablierung dieses neuen Teams waren:

- Kommunikation und Transparenz zur übergeordneten hierarchischen Struktur
- Definition der Schnittstellen und der Zusammenarbeit
- Verzahnung der Zielvereinbarungs-Systeme und Kennzahlen
- Regelmäßige gemeinsame Reflektion für Optimierungen und Auflösung von Spannungen

Ein möglicher Weg, sich den neuen Organisationsstrukturen langsam zu nähern und erste Erfahrungen zu sammeln ist der Folgende:

- Schritt 1: Identifikation von Pilot-Unternehmensbereichen
  In Co-Kreations-Workshops werden die Unternehmensbereiche identifiziert, in denen Agilität, Speed und neue Arbeitsmethoden wie Scrum einen Nutzen generieren, sei es einen direkten Nutzen für den Kunden oder einen indirekten Nutzen

durch höhere Mitarbeiterzufriedenheit, weniger Fluktuation und Krankenstand oder die Attraktivität für potentiellen neue Mitarbeiter (Employer Branding).

— Schritt 2: Organisationsdesign
  In einer Analyse und einem Mapping der unterschiedlichen neuen Organisations-modelle zu den Kunden- und Unternehmensbedürfnissen wird identifiziert, welches Modell am besten zum Unternehmen passt

— Schritt 3: Implementierung
  Das neue Organisationsmodell wird in 2–3 Unternehmensbereichen etabliert. Für die Umsetzung ist es wichtig, dass es von einem Organisationsexperten begleitet wird. Da es sich bei einer solchen Veränderung nicht einfach um die Anpassung eines Geschäftsprozesses handelt, sondern vor allem um die radikale Veränderung von Haltung, Arbeitsweise und Art der Zusammenarbeit, ist es zwingend notwendig, den Prozess durch ein Change-Team zu begleiten. Parallel sollte vom klassischen Wasserfallmodell auf ein agiles Vorgehensmodell wie Scrum oder Kanban umgestellt werden (siehe oben).

— Schritt 4: Rückkopplung
  Durch eine iterative Einführung hat das Unternehmen die Chance, durch regelmä-ßige Sessions zur Reflexion wertvolle Rückmeldungen aus den Pilotbereichen zu bekommen, zu lernen und dort Anpassungen vorzunehmen, wo Spannungen herr-schen.

— Schritt 5: Befruchtung und Ausweitung
  Aufgrund der neuen Arbeitsweise, der veränderten Kommunikation nach Innen und nach Außen, sowie der gegenseitigen Wertschätzung und Anerkennung, bringen sich die Mitarbeiter mit all ihren Talenten mehr und mehr ein. Sie identifizieren sich mehr mit dem Unternehmen, engagieren sich proaktiv, bringen eigene Ideen ein und fühlen sich wohler als vorher. Dies spricht sich selbstverständlich in der gesamten Organisation herum. Sobald dies passiert, wollen andere Bereiche ebenfalls auf die neue Organisationsstruktur umstellen und somit startet ein Schneeballeffekt mit dem Ergebnis, dass mittelfristig die meisten Organisationsbereiche umgestellt sind. Das größte Kompliment von einem Mitarbeiter an seine Führungskraft, welches wir gehört haben war: „Bei Dir fühle ich mich zum ersten Mal wieder wie ein erwachsener Mensch".

■ **Co-Kreation nutzen**

Wie oben beschrieben, kann der co-kreative Ansatz mit Design-Thinking-Prinzipien und Gamification auch für das Design von Organisationsstrukturen verwendet wer-den. Das Vorgehen sieht wie folgt aus:

— Schritt 1: Kundenbedürfnisse und Marktherausforderungen
  Identifikation der zukünftigen Bedürfnisse der Kunden sowie Herausforderungen des Marktes (Teilnahme von strategisch wichtigen Kunden)

— Schritt 2: Customer Journey
  Definition der „Customer Journey", um den IST- sowie SOLL-Zustand zu beschreiben

— Schritte 3: Ideation
  Generierung, Priorisierung und Beschreibung von Ideen nach Design-Thin-king-Prinzipien

— Schritt 4: Organisations-Gaps
  Ableitung möglicher Organisations-Anpassungen in Gruppenarbeit

2

- Schritt 5: Organisationsdesign
   Erarbeitung von 2–3 Organisationsdesign-Vorschlägen basierend auf dem *Techno-Organisatorischen Transformationsmodell*
- Schritt 6: Umsetzung
   Umsetzung eines Designvorschlags unter Einbezug der Mitarbeiter und Nutzung des *Kompass für das Unternehmen 4.0* (vgl. ▶ Kap. 3)

■ **Organisation der 2 Geschwindigkeiten (2-Speed-Organization) etablieren**

In der Welt 4.0 gibt nicht mehr die Technik oder die bestehenden Prozesse die Geschwindigkeit vor, sondern der Kunde. Sind wir nicht in der Lage, das Produkt zum gewünschten Termin zu liefern, kauft er beim Wettbewerber. Nun haben die meisten Unternehmen in der letzten Dekade viel Geld investiert in ERP-, CRM- oder eCommerce-Lösungen, die sehr häufig noch auf der eigenen Infrastruktur und Hardware laufen. Der Betrieb sowie die Anpassung dieser mächtigen Lösungen sind aufwendig und teuer. Die Frage, die sich Unternehmen also stellen sollten: Wie können wir *trotz* unserer bestehenden IT-Landschaft und der damit verknüpften Geschäftsprozesse sowohl technisch als auch organisatorisch auf die veränderte Markt-Geschwindigkeit reagieren? Ein möglicher Ansatz, den Unternehmen wie z. B. Ringier nutzen, ist die „2-Speed-Organization".

Beispiel

Bei Ringier nutzt der Teil, der das bisherige Mediengeschäft unterstützt, die „alten" Systeme und Infrastrukturen mit den entsprechenden Prozessen und Strukturen. Für den Aufbau eines neuen Geschäftsmodells wurde ein komplett neues Team zusammengestellt, welches mit am Markt verfügbaren Cloud-Lösungen, agilen Arbeitsmethoden und einer neuen Organisationsstruktur parallel zur bestehenden „alten" agiert. Das Ergebnis ist, dass innerhalb von nur 2 Jahren die Technologie-Plattform für das neue Geschäftsmodell entwickelt wurde. Die neue Plattform sammelt Daten und Informationen aus unterschiedlichsten Medienquellen, verknüpft diese intelligent durch Algorithmen und stellt die Ergebnisse in Form von digitalen Services dem bisherigen sowie einem für Ringier neu entstehenden Markt zur Verfügung.

Die Herausforderungen, die eine solche „2-Speed-Organization" mit sich bringt, sind vielfältig. Zunächst muss jedes Unternehmen bewusst entscheiden, welche Teile des Geschäftes mit den bestehenden Lösungen weiterversorgt werden sollen und welche Teile mit neuen, flexiblen, schnell anpassbaren Lösungen bedient werden. Die Schnittstellen zwischen den beiden Bereichen müssen klar definiert sein. Dies gilt sowohl für die Technik, als auch für die Organisation.

Beispiel

Ein weiteres Beispiel ist ein mittelständisches Unternehmen, in dem ein kleines Team von 3–5 Personen aus unterschiedlichen Abteilungen zusammengestellt wurde. Das Team wurde ergänzt um einen externen Berater mit Erfahrung in den neuen Themen der Welt 4.0 (Technik & Organisation & Mensch). Das Team hat den Auftrag, mit Hilfe von agilen Prozessen, Methoden und Strukturen neue Ideen zu generieren, die mehr sind als nur Effizienzsteigerung von bestehenden Prozessen. Es geht darum, einen „Inkubator" in die bestehende Organisation einzupflanzen, der kontinuierlich mit Neuem experimentiert und positive Elemente in die bestehende Organisation rückintegriert. Dabei ist dieses Team autonom und hat einen Budgetrahmen, über den es verfügen kann. Es ist in der

Lage, selbst Entscheidungen zu treffen und ihre Arbeitsweise, Prozesse und Strukturen eigenständig zu definieren.

Ein wichtiger Erfolgsfaktor solcher „Disruptiven Teams" ist eine diversifizierte Zusammensetzung. Weiterhin ist es wichtig zu definieren, wie die Brücke zu den operativen Teams des Tagesgeschäfts gestaltet ist. Am Ende des Tages ist das Ziel, iterativ, Schritt für Schritt die Arbeitsmethoden des „Inkubators" in das gesamte Unternehmen zu transformieren. Und zwar in dem Tempo, welches der Markt fordert und das Unternehmen verträgt.

- **Vom Change-Management zur Veränderungsbefähigung**

Veränderungsbefähigung wird deshalb für Unternehmen ein kritischer Erfolgsfaktor, da in der Welt 4.0 nicht mehr mit einer linearen, sondern einer exponentiellen Veränderungsgeschwindigkeit gerechnet wird. Würden Unternehmen mit den bisher bewährten Change-Methoden und -Tools arbeiten, wären sie mit den eingeleiteten Maßnahmen (Training, Kommunikation etc.) regelmäßig zu spät. Das klassische Change-Management passt perfekt zur Philosophie, den Strukturen und den Modellen der Welt 3.0: Top-Down und von langer Hand mit Wasserfallmethoden durchgeplant. Veränderungsbefähigung beginnt bei den Mitarbeitern. In einem spezifischen Programm lernen sie die Kompetenz, mit Veränderungen konstruktiv und gestaltend umzugehen. Eines der Hauptziele des Programms ist es, einen Bewusstwerdungsprozess in Gang zu setzen. Idealerweise wird damit erreicht, dass Veränderungen weniger Ängste produzieren, sondern begrüßt werden. Vertrauen und Transparenz sind die Grundpfeiler von Veränderungsbefähigung in der nachfolgenden Umsetzung.

Der Nutzen eines solchen Programms kann sehr umfassend sein, denn es
- unterstützt eine Kultur des Experimentierens
- trägt dazu bei, den Wandel als Normalfall zu erkennen
- verbessert den Austausch über die Veränderung sowie eine offene Kommunikation
- dient als Katalysator für innere Entwicklungsprozesse der Mitarbeiter
- wirkt befreiend und entfaltend, denn Veränderung gehört zum Leben dazu und darf mit Lust und Humor angegangen werden
- wirkt ausgleichend auf das Betriebsklima („Wir lernen gemeinsam und sind auf einem Weg")
- senkt die Krankheitsausfälle und spart bares Geld

Der *Kompass für das Unternehmen 4.0,* welcher in ▶ Kap. 3 beschrieben wird, unterstützt und fördert den beschriebenen Wandelprozess und dient sowohl der Orientierung, als auch als gemeinsame Sprache in der Kommunikation während des Wandels.

- **Partner-Ecosystem aufbauen**

In unserer Beratungspraxis erleben wir viele Unternehmen, die versuchen, den digitalen Wandel aus eigener Kraft zu stemmen. Wenn wir nachfragen, warum sie das tun, kommen häufig folgende Aussagen:
- Wir sind die Einzigen, die wissen, wie Digitalisierung für uns geht.
- Wir haben nicht genügend Budget für die Digitalisierung.
- Wenn uns Know-how fehlt, dann stellen wir jemanden dafür ein.
- Wir sind gerade dabei, ein Ausbildungsprogramm für unsere Mitarbeiter aufzubauen.

2

Dies war in der Welt 3.0 eine wirkungsvolle Strategie, da genügend Zeit war, die neuen Mitarbeiter einzulernen, auszubilden und in die Organisation zu integrieren. In der Welt 4.0 funktioniert dies jedoch nur bedingt, da zu langsam und meistens limitiert auf Wissensvermittlung.

Wir beobachten gleichzeitig, dass mittlerweile jedes Beratungsunternehmen ein Portfolio an Services zur Digitalen Transformation anbietet. Wer nun wirklich Hands-On Erfahrung mit Co-Kreation, Design-Thinking, der Konzeption und Umsetzung von Projekten der Welt 4.0 oder der Einführung von neuen Organisationsmodellen hat, ist für Unternehmen schwer zu identifizieren. Bei Veranstaltungen zu Themen wie IoT, Künstliche Intelligenz, Industrie 4.0, Change-Management oder Arbeiten 4.0 wird vor allem über das WHY referiert (wozu wir uns mit dem Thema beschäftigen müssen), über die Herangehensweise oder darüber, was konkret zu tun ist, finden Unternehmen noch wenig konkrete Inhalte.

Wir empfehlen, Schritt für Schritt ein Ecosystem von Partnern mit Umsetzungserfahrung in der Welt 4.0 aufzubauen, die das Unternehmen in enger Kooperation auf der digitalen Reise begleiten. Die für das Unternehmen passenden Partner finden sie entweder durch intensive Recherchen oder durch Experimentieren. Unternehmen sollten kleine überschaubare Proof-of-Concepts, Pilot-Projekte oder Co-Kreations-Workshops gemeinsam mit potentiellen neuen Partnern abwickeln. Nur durch das gemeinsame Erleben bekommen sie das Gefühl, ob der neue Partner zu ihnen passt oder nicht. Nutzen sie das *Techno-Organisatorische Transformationsmodell* für die Digitale Transformation um zu definieren, in welchen Bereichen sie genügend eigenes Know-how und Kapazität haben und wo es Sinn macht, einen Partner zu involvieren.

▪ Expertenberatung und Prozessbegleitung nutzen

Ein elementarer Baustein beim Aufbau eines Ecosystems sind externe Partner. In der Welt 4.0 werden beide Arten von Beratern benötigt:

- ▬ der Fachexperte, der mit seiner Erfahrung und Expertise Ratschläge gibt und ein Unternehmensteam ergänzt (vertikale Begleitung)
- ▬ der Prozessbegleiter (horizontale Begleitung), der die Rolle des Botschafters und Vermittlers, des sozialen Helfers und Katalysators im digitalen Wandel übernimmt. Er hat bereits Unternehmen auf der digitalen Reise unterstützt.

Der Prozessbegleiter arbeitet systemisch sowie lösungs- und zielorientiert. Eine seiner zentralen Aufgaben besteht darin, das Management für die menschliche Seite von Veränderungsprozessen zu sensibilisieren. Prozessbegleiter helfen jedoch auch, mittels Coaching-Techniken die Energien der Betroffenen zu aktivieren, Mitarbeiter für das Vorhaben zu gewinnen und sie sinnvoll einzubeziehen. Er diagnostiziert, wer in welcher Weise von der Veränderung betroffen ist, spürt Mentoren, Befürworter und Gegner auf, ermittelt die Einstellungen und Sichtweisen Einzelner sowie Strömungen und Werthaltungen in ganzen Unternehmenszweigen. Für die Begleitung nutzt er sowohl das *Techno-Organisatorische Transformationsmodell,* wie auch den *Kompass für das Unternehmen 4.0.*

▪ Die Magischen 3

Organisationen werden immer kranker. So fühlen sich Mitarbeiter sowohl in der Schweiz als auch in Deutschland immer mehr gestresst. Laut einer Studie der Techniker Krankenkasse in Deutschland ist die Arbeit mit 46 % die Hauptursache für Stress (▶ https://www.tk.de/tk/service/infografiken/stress/164614). Fehltage aufgrund

psychischer Belastung sind im Vergleich zum Jahr 2000 um 192 % angestiegen. Die Gründe dafür sind vielschichtig. Wird nun im Rahmen des Wandels von der Welt 3.0 in die Welt 4.0 noch mehr Arbeitslast vor allem auf die Schlüsselmitarbeiter, die Wissensträger bzw. die informellen Leader abgewälzt, ist abzusehen, dass es noch mehr Krankheitsausfälle geben wird. Dies kann durch eine intelligente Umstellung der Organisation auf agile Strukturen verhindert werden. Beantworten Sie in der digitalen Transformation bei allem, folgende drei Fragen:
1. Welche 3 Dinge werde ich in Zukunft nicht mehr machen?
2. Welche 3 Dinge werde ich in Zukunft anders machen?
3. Welche 3 Dinge werde ich in Zukunft zusätzlich machen?

Einfach ausprobieren! Es ist ein einfaches Tool mit großer Wirkung.

2.4 Mensch 4.0

2.4.1 Merkmale der 3. Industriellen Revolution

Die Unternehmen in der 3. Industriellen Revolution zeichnen sich dadurch aus, dass sie auf Basis von historischen Daten Vorhersagen für die Zukunft machen. Wenn der Vertrieb die letzten Jahre sagen wir 5 % Wachstum erzielen konnte, dann können sie das die nächsten Jahre sicherlich auch. Wer gute Arbeit macht, bekommt noch mehr Arbeit oben drauf. Der Markt erscheint planbar, die Wertschöpfungskette wird immer weiter optimiert, die Aufgaben sind in klare Pakete strukturiert. Schon alleine der Begriff Arbeitsplatz oder Stellenbeschreibungen zeigt, mit welcher Haltung wir Unternehmen managen. Wir richten einen Platz ein, für den wir genau formulieren können, welche Aufgaben anfallen werden. Tanzt etwas aus der Reihe oder stehen Entscheidungen an, werden diese von der Führungskraft getroffen. Die Unternehmen optimieren sich immer weiter entlang der bestehenden Wertschöpfungskette. Sie versuchen zwar, die Bedürfnisse der Kunden zu erkennen, aber neue Geschäftsmodelle haben wenig Platz. Echte Disruption würde den gewohnten Status Quo mit dessen Ziel- und Bonussystemen durcheinanderbringen. Und sicherlich würde sich einer vom Top-Management bedroht fühlen und mit schönen Worten ausführen, weshalb die Orientierung am Kerngeschäft so wichtig ist oder weshalb der Strategiewechsel nicht ins Unternehmen passt. Somit scheint unternehmerisches Handeln top-down und die Fokussierung auf den eigenen Verantwortungsbereich ein etabliertes und funktionierendes Set-up im Zeitalter der Automatisierung.

■ **Der passende Mitarbeiter**
Wenn wir dem in ▶ Abschn. 2.3.2. beschriebenen Menschenbild der Theorie X folgen, dass Menschen nicht gerne arbeiten, motiviert werden müssen, sich hauptsächlich nur durch Geld und Angst bewegen lassen, dann trifft das den Kern unseres Denkens der 3. Industriellen Revolution und der darauf aufbauenden unternehmerischen Praxis. Wenn wir denken, der Mensch arbeite nur effizient, wenn wir ihm sagen, was er zu tun hat, dann suchen wir genau nach diesen Mitarbeitern. Schlimmer noch, wir erziehen sie in diese Richtung. Welches Verhalten belohnen wir? Mitläufer oder Querdenker? Wen befördern wir? Pflichterfüller oder Disrupteure? Wann eskaliert der Chef? Wenn die Zahlen nicht stimmen oder wenn ein Mitarbeiter mit einer außergewöhnlichen Idee um die Ecke kommt? Wenn nur das für gut erachtet wird und als wahr gilt, was

2

wir sehen oder messen können, dann ist es nur logisch, dass unbewusste Prozesse oder tiefer liegende Zusammenhänge ignoriert werden.

Der gut funktionierende Mitarbeiter orientiert sich an den Spielregeln, die in den Management-Etagen definiert wurden und gibt sich alle Mühe, die vorgegebenen Ziele zu erreichen. Er lebt immer mit der Hoffnung, die Chefs glücklich zu machen und strebt nach Anerkennung. Aber gleichzeitig lebt er auch mit der Angst, nicht ausgegrenzt zu werden. Diese Angst vor Ausgrenzung ist oftmals ein sehr subtiler innerer Prozess. Eine Form ist die Angst, vor den Kollegen blöd dazustehen. Eine andere Form ist die Angst, den Job zu verlieren. Diese Ängste zu zeigen, wäre aber völlig fatal. Sie würden vom Umfeld als Schwäche interpretiert werden, also werden sie weggedrückt und zum Tabu erklärt.

Der ideale Mitarbeiter sucht sich die Arbeitsstelle, bei der Anforderungen des Jobprofils am besten mit seinen Erfahrungen und Kompetenzen übereinstimmen. Die Basisausbildung ist gut und für sich verändernde Anforderungen gibt es Weiterbildungen und für Sonderprojekte externe Berater. In einer überschaubaren und planbaren Welt ein üblicher Ansatz.

■ Die passende Führungskraft

Die Führungskraft der 3. Industriellen Revolution muss vor allem eines, den „Laden im Griff haben" und alles dafür tun, dass die vorgegebenen Ziele erreicht werden. Die Arbeitswelt ist geprägt von der Vorstellung, dass die Wertschöpfungsprozesse planbar und kontrollierbar sind. Das Menschenbild der Theorie X hat den logischen Effekt, dass Führungsanreize über Ziele, Druck und Kontrolle etabliert werden müssen.

Die gut funktionierende Führungskraft sorgt dafür, dass alle Vorgaben eingehalten werden. Die Entscheidungsbefugnis liegt bei ihr oder in übergeordneten formellen Entscheidungsgremien. Sie lebt immer mit der Hoffnung, dass die Mitarbeiter gut funktionieren, die Prozesse schlank sind, die Kunden zufrieden, denn auch sie strebt nach Anerkennung. Aber gleichzeitig lebt sie auch mit der Angst, dass ihr die Kontrolle entgleitet. Diese Angst vor Kontrollverlust ist meist ebenso ein subtiler innerer Prozess. Eine Form ist die Angst, den Vorgaben nicht mehr gerecht zu werden. Eine andere Form ist die Angst, das mühsam aufgebaute Konstrukt von Karriere, Status, Ego, Komfort fliegt um die Ohren und am Ende gerät vielleicht sogar das ganze Leben durcheinander. Auch die Führungskraft spricht selten über ihre Ängste. Sich damit auseinanderzusetzen sind nur wenige gewohnt, gemeinsam mit einem Coach zu reflektieren wird heute noch immer von Vielen als Scheitern interpretiert. Also drückt auch die Führungskraft ihr eigenes Dilemma weg. Über die Jahre stirbt ihre innere Lebendigkeit, die Lernbereitschaft und Inspirationskraft ab.

Der Forderung nach Agilität begegnet die Führungskraft damit, schneller durch die Organisation mit ihren bestehenden Strukturen rennen zu wollen. Es ist der Versuch, die Geschwindigkeit im System zu erhöhen. Falls es irgendwo Widerstand gibt, wird der Druck erhöht. Wenn wir dann auch noch den Anspruch an uns selbst haben, diese erhöhte interne Dynamik kontrollieren zu wollen, ist es nicht verwunderlich, dass Führungskräfte teilweise am Anschlag sind. Die Angst vor Kontrollverlust verstärkt sich.

Sobald Probleme auftauchen, wird reflexartig nach dem Schuldigen gesucht und eine Rechtfertigungsstrategie zurechtgelegt. Wer macht hier etwas falsch? Gehört das Problem mir oder einem anderen? Es ist sehr entlastend, wenn die Führungskraft die Ursache außerhalb des eigenen Silos zuordnen kann. Der eigene Druck reduziert sich.

Das Problem anzunehmen als ein eigenes oder die Ursache dafür im eigenen Silo zu suchen, würde den Druck noch weiter erhöhen.

- **Grundbedürfnis nach Sicherheit und Freiheit**

In der 3. Industriellen Revolution wird unser menschliches Grundbedürfnis nach Sicherheit im beruflichen Umfeld erfüllt durch starre Organisationen, klare Regeln, definierte Abläufe und den Versuchen, die Zukunft mit einem Business Case sowie guter Planung vorherzusagen. Solange die Vorgaben von oben erfüllt werden, kann die Belegschaft im Normalfall davon ausgehen, einen langfristigen Job zu haben und regelmäßig das Gehalt zu bekommen. Sobald es Verschiebungen gibt, sei es beispielsweise durch einen Strategiewechsel, eine Standortverlagerung oder die Automatisierung von Abläufen, so ist ein gewisser Widerstand garantiert. Der Mensch wird aus seiner Komfortzone gebracht, er muss sein eigenes Arbeiten neu ausrichten, im dümmsten Fall eine neue Arbeitsstelle suchen. Er muss also sein gewohntes Arbeiten verlassen und sich das Gefühl von Sicherheit wieder neu aufbauen.

Das Grundbedürfnis nach Freiheit, Kreativität und Selbstbestimmung hat nur in einigen Berufsgruppen Platz. In ein auf Effizienz ausgerichtetes Unternehmen passt häufig leider nur ein gewisses Maß an kreativer Freiheit.

2.4.2 Merkmale der 4. Industriellen Revolution

Unternehmen entwickeln sich in der 4. Industriellen Revolution zu agilen, anpassungsfähigen und netzwerkorientierten Systemen, die sich weniger an fixen Regeln orientieren, sondern am Unternehmenszweck und an den Prinzipien der Arbeitswelt 4.0. Sie sind experimentierfreudig, nutzen ihre Chancen der neuen technischen Möglichkeiten, lassen sich auf neue organisatorische Strukturen ein und rücken die Menschen mit ihren Bedürfnissen und Potentialen in den Vordergrund. Das Arbeiten über die eigenen Unternehmensgrenzen hinweg und das Teilen von Informationen ist selbstverständlich. Der hohen Dynamik und der enormen Komplexität begegnen Unternehmen 4.0 mit einem Shift der Verantwortung und Entscheidungskompetenz dorthin, wo sie gebraucht wird. Das Unternehmen 4.0 hat verstanden, dass das Menschenbild der Theorie Y zwar altes Denken gehörig ins Wanken bringt, dass es aber Voraussetzung dafür ist, mit Eigeninitiative und Selbstorganisation das kreative Potential des Unternehmens zu heben. Den Menschen in den Mittelpunkt zu stellen ist für sie keine Parole auf der Homepage, sondern sie wissen, dass Menschlichkeit und Begegnung auf Augenhöhe Voraussetzung für erfolgreiches Wirtschaften ist. Sie suchen keinen Bewerber mehr für eine offene Stelle (1:1-Beziehung), sie stellen Menschen ein, die mit ihren Potentialen unterschiedliche Rollen einnehmen können (1:n-Beziehung).

- **Der passende Mitarbeiter**

Der Mitarbeiter in der Welt 4.0 kennt den Zweck des Unternehmens und den Beitrag, den er dazu leisten kann. Nicht nur seine Organisation und die Prozesse sind agil, auch er selbst ist agil, sich neuen Gegebenheiten anzupassen, sich neue Skills anzueignen, den Wandel aktiv mitzugestalten. Er ist sich bewusst, dass Führen nicht eine Funktion ist, sondern von allen Mitarbeitern in seinen Möglichkeiten nötig ist. Er ist bereit, Verantwortung zu übernehmen. Der Mitarbeiter kann sich darauf verlassen, dass die potentialentfaltende Kultur von allen Beteiligten gelebt wird.

2

Den gut funktionierenden Mitarbeiter gibt es nicht mehr, der abwartet, bis ihm die Chef-Etage sagt, was zu tun ist. Er ist persönlich gereift und agiert reflektiert. Er muss keine Rebellion anzetteln, um sich einbringen zu können oder die Zukunftsfähigkeit mitzugestalten. Der für die Welt 4.0 passende Mitarbeiter ist intern wie extern vernetzt und sucht co-kreativ nach Lösungen.

In Einzelcoachings fällt uns immer wieder auf, dass sich viele Mitarbeiter zurzeit in einem inneren Konflikt befinden, weil sie sich in der Welt 3.0 gefangen fühlen. Sie sind müde, nur noch zu funktionieren. Sie sind frustriert, weil die Systeme träge sind, aber gleichzeitig zu Agilität aufrufen. Sie haben schlaflose Nächte, weil der bisherige Einsatz noch immer nicht reicht, die Ziele zu erreichen. Sie sind krank, weil sie nicht wissen, wie sie mit dem inneren Konflikt umgehen sollen. Sie werden auf das Abstellgleis gesetzt, wenn sie es wagen, am Status Quo zu kratzen, denn sie bedrohen die bewährten Systeme. Sie suchen nach Sinn bei der Arbeit und einer Kultur der Wertschätzung, Vertrauen und einem Miteinander auf Augenhöhe. Ein paar wenige von ihnen brechen aus, verlassen ihre bisherigen Arbeitgeber und machen sich selbstständig oder suchen nach Unternehmen, die „anders ticken". Noch gibt es wenige Unternehmen, die eine Kultur 4.0 bereits leben.

Unternehmen, die den Wandel bereits geschafft haben, berichten uns immer wieder, dass Blindbewerber ihnen sagen „Ich will für euch arbeiten, egal was ich genau bei euch mache." Das Image am Markt, ein Innovator zu sein mit einer potentialentfaltenden Unternehmenskultur scheint also durchaus ein Magnet für Mitarbeiter zu sein.

■ **Die passende Führungskraft**

Die Führungskraft der 4. Industriellen Revolution wird vor allem eines, den „Laden inspirieren" und alles dafür tun, dass die Zukunftsfähigkeit gewährleistet wird. Sie nimmt sich selbst mit ihrem Ego und Komfortdenken nicht so wichtig, stellt das Team in den Vordergrund und kann die Herzen sowie die Emotionalität der Menschen wecken. Das Menschenbild der Theorie Y verlangt von einer Führungskraft ab, selbst stark reflektiert zu sein, mit allen Sinnen zu beobachten und bereit zu sein das Misstrauen mit dessen Kontrollreflexen gegen Vertrauen und Transparenz auszutauschen.

Der Forderung nach Agilität begegnet die Führungskraft damit, agile Strukturen in der Organisation zu etablieren. Sobald Probleme oder neue Fragestellungen auftauchen, wird systemisch gedacht, die beteiligten Partner an einen Tisch gebracht, das Problem oder die Frage aus den unterschiedlichen Perspektiven betrachtet und gemeinsam eine Lösung erarbeitet. Da wir mit den neuen technischen Möglichkeiten neues Terrain betreten, gehört es dazu, Fehlversuche aushalten zu können. Das mag sich zunächst nach einem langwierigen Findungsprozess anhören. Aber was, wenn schnelle Lösungen nur Pseudolösungen sind oder die anderen Silos rebellieren? Was, wenn wir mit einer gemeinsamen Lösung an den echten Ursachen arbeiten? Was, wenn die Lösung danach von allen akzeptiert und gelebt wird? Es kann sehr entlastend sein, wenn wir Führen ins Team abgeben. Das wird uns aber nur gelingen, wenn wir anders über Menschen denken und den Anspruch Kontrollwahn loslassen. Vermutlich wird das die größte Herausforderung für Führungskräfte im Wandel werden, nämlich darin zu vertrauen, dass Mitarbeiter nicht alle über die Stränge schlagen werden, sobald zum Beispiel die dreißigseitige Reisekostenregelung auf drei Seiten reduziert wird.

Aber wenn Führen über Ziele und Vorgaben nicht mehr funktioniert, wie funktioniert es dann? Die modernen Organisationmodelle schaffen teilweise sogar die formalen Führungspositionen komplett ab. Wir denken, dass dies vor allem in größeren oder etablierten mittelständischen Unternehmen nicht zwingend der Fall sein muss. Auch werden disruptive Organisationmodelle in Wissensbranchen leichter zu etablieren sein, als in Branchen mit hoher Industrialisierung. Was eine Führungskraft im Unternehmen 4.0 aber auf jeden Fall macht, das bisherige Führungsverständnis und sich selbst mit seiner Wirksamkeit regelmässig zu hinterfragen.

- **Grundbedürfnis nach Sicherheit und Freiheit**

In der 4. Industriellen Revolution wird unser menschliches Grundbedürfnis nach Sicherheit im beruflichen Umfeld gehörig ins Wanken gebracht. Digitale Disruption wird auch weiterhin dafür sorgen, dass viele Unternehmen oder Produkte verschwinden. Bewährte Berufsbilder werden sich grundlegend verändern oder fallen komplett weg. Wissen von heute wird „über Nacht" nicht mehr gebraucht oder nicht mehr ausreichend sein. Wir sind uns sicher, dass wir uns heute die Ausmaße noch gar nicht vorstellen können, auch nicht, in welchem Zeithorizont es wen oder was treffen wird.

Es wird eine Verschiebung geben zugunsten dem Grundbedürfnis Freiheit. Wir können bzw. müssen uns mit unserer vollen Kreativität und Wagemut einbringen in die Unternehmen. Ja, wir dürfen kleine Unternehmer werden, ohne das volle Risiko zu tragen, sogenannte Intrapreneure.

Wenn das Grundbedürfnis nach Sicherheit nicht mehr im gleichen Maß im beruflichen Umfeld vorhanden ist, was heißt das für uns als Menschen? Wir vermuten, dass hier jeder Mensch seine eigene Strategie entwickeln wird. Für den einen werden soziale Beziehungen in Form von Freundschaft und Familie als Wert wichtiger und Halt bieten. Der andere findet Sicherheit durch inneren Halt, beispielsweise mit Hilfe von Spiritualität, Meditation, Yoga, Glaube, Seminare für Persönlichkeitsentwicklung oder einer gesunden Lebensführung. Schade wäre es, wenn Menschen während des Übergangs in dieser persönlichen Neuorientierung steckenbleiben.

Idealerweise machen sich Unternehmen diese Verschiebung im Bedürfnis nach psychologischer Sicherheit bewusst und prüfen, welchen Beitrag sie hier leisten können. Gemeinsame Erlebnisse, regelmäßige Rituale oder andere Maßnahmen sind förderlich für eine neue Art des Zusammenhalts und Teamspirits, nicht über die formale Organisation, sondern über das Erleben in der Gemeinschaft.

2.4.3 Empfehlungen für den Wandel

In der 3. Industriellen Revolution konnten wir davon ausgehen, dass eine Veränderung eine überschaubare Rüttelphase ist. Auf dem Weg zum Unternehmen 4.0 werden jedoch grundlegendere Dinge auf den Kopf gestellt. Vielleicht sprechen wir deshalb fast nur noch von Transformation, weil wir in einem tieferen Wandel stecken. Die Dimension „Mensch" ist bei Transformationen die größte Herausforderung, so auch beim Übergang in die 4. Industrielle Revolution. Dieses Bewusstsein haben fast alle im Unternehmen, aber es herrscht wenig Klarheit darüber, wie wir die Herausforderung besser meistern. Unsere Erfahrung aus der Arbeit mit Unternehmen zeigt, dass es in vielen Unternehmen zu wenig Wissen darüber gibt, wie Menschen „ticken" und wie wir es schaffen, die Lebendigkeit und Inspirationskraft wieder zu wecken. Ja, es gibt Personalabteilungen, die den Perspektiven-Hut „Mensch" aufhaben. Aber was haben wir im Zeitalter

2

Automatisierung aus der Personalabteilung gemacht? Mit welchen Anforderungen sind wir an sie getreten? Dass sie die Abläufe rund um das Personal so effizient wie möglich managen! Und ja, es gibt in einigen Unternehmen gute Change Manager, die sich mit Widerstand und Veränderungskompetenz auskennen. Aber was haben wir von ihnen erwartet? Dass sie die Verbesserungen entlang unserer Wertschöpfungskette so effizient wie möglich begleiten und dass es möglichst wenig Widerstand bei der Umsetzung gibt.

Wie aber gehen Unternehmen damit um, wenn sie in einer tief greifenden Neuausrichtung stecken? Alle Abteilungen sind dann mehr oder weniger davon betroffen. Disruptive Geschäftsmodelle erfordern neue Kernkompetenzen. Kundenzentrierung erfordert eine neue Denkweise. Ein agiles Unternehmen erfordert ein komplett neues Führungsverständnis sowie einen neuen Umgang mit Transparenz und Verantwortung.

Viele Jahre haben wir den Mitarbeitern nicht erlaubt, eine eigene Meinung zu haben, sich einzubringen, Prozesse zu hinterfragen, komische Fragen zu stellen, kreativ zu sein, zu experimentieren. Wenn sie es dennoch getan haben, gab es immer jemand anderen, der dafür zuständig war, der es meinte besser zu wissen oder der sich bedroht fühlte. Wir haben Mitdenken abgewöhnt und wollen nun, dass es auf Knopfdruck wieder angewöhnt wird? Und wenn das nicht sofort gelingt, dann sind die Mitarbeiter zu blöd oder die Chefs unfähig?

Alle Aspekte bei der Neuausrichtung haben am Ende des Tages einen gemeinsamen Nenner: sie haben einen Effekt auf die Menschen mit ihrem Denken, Empfinden, Bewerten, Handeln und Interagieren. Ihr bisheriges Selbstbild (Ich bin ein guter Mitarbeiter, wenn ...), Menschenbild (Mein Chef ist eine gute Führungskraft, wenn ...) und Weltbild (Wir sind ein erfolgreiches Unternehmen, wenn ...) wird kräftig ins Wanken gebracht. Das heißt, unsere bisherigen Hirne und deren neuronalen Netzwerke müssen sich verändern. Dieser Umbau im Gehirn braucht Zeit. So betont auch Gerald Hüther: „All das lässt sich nicht von heute auf morgen einfach auflösen und durch andere neuronale Netzwerke ersetzen." Als Grund dafür formuliert er so schön: „...die Anziehungskraft und die Klebrigkeit kollektiver Ideen und die Schwierigkeiten, sich aus all diesen Mustern zu lösen und seinen eigenen Weg zu gehen." (Hüther 2015, Etwas mehr Hirn, bitte, S. 33). Worauf also warten?

Es gibt einige Hirnforscher bzw. Neurowissenschaftler, die die letzten Jahre eine super Basis geschaffen haben, denn sie haben komplexe wissenschaftliche Erkenntnisse in leicht und damit für jeden verständliche Bücher übersetzt. Gerald Hüther, Joachim Bauer oder Gerhard Roth sind drei unserer Lieblingsautoren. Wir selbst haben uns durch das Lesen dieser Bücher, durch das schauen unzähliger Videos, den Besuch von Seminaren und das Engagement bei der Akademie für Potentialentfaltung in der Schweiz auf unseren persönlichen Weg gemacht. Uns haben die Erkenntnisse der Hirnforschung sehr geholfen, Zusammenhänge im Denken – Bewerten – Handeln zu verstehen. Das hat die Lust in uns geweckt, wirkungsvolle Methoden zu finden und zu entwickeln, um vom Wissen in die Anwendung zu kommen. Denn die Herausforderung ist weniger die Theorie oder die Beschreibung des Ideals. Die wahre Herausforderung ist das Aufbrechen unserer Gewohnheiten, Muster und Blockaden.

Wer sich mit Menschen, Beziehungen, Change oder eben der Neuausrichtung von Unternehmen beschäftigt, der sollte ein Basisverständnis von den wichtigsten Erkenntnissen der Hirnforschung haben. Zunächst werden in ◘ Abb. 2.22 die Merkmale von Hirn 1.0 und Hirn 4.0 beschrieben.

Uns ist durchaus bewusst, dass unsere jeweiligen Hirne von der Grundlage her ursprünglich nicht wirklich anders gebaut sind, sondern die Synapsen sich über die

Hirn 1.0	Hirn 4.0
• Strebt nach Sicherheit	• Strebt nach Weiterentwicklung
• Ist getrieben von Angst & Festhalten	• Nimmt die Angst wahr, übt sich im Loslassen
• Bleibt gerne in der Komfortzone	• Pusht sich regelmäßig in die Lernzone
• Fokussiert sich auf die Risiken	• Fokussiert sich auf die Chancen
• Sucht nach der Vermeidungsstrategie	• Bewahrt sich Neugierde
• Erklärt viel und neigt zu Belehrung	• Fragt viel und inspiriert
• Braucht Führung	• Handelt selbstverantwortlich
• Agiert unbewusst, denn es kennt nicht die selbst konstruierten Bilder, Einstellungen, Muster, wird damit beherrscht vom Autopilot	• Agiert bewusst, denn es kennt die selbst konstruierten Bilder, Einstellungen, Muster, kann damit sich selbst aktiv steuern
• Kompass der Veränderung: lässt sich vom Schwellenhüter und dem roten Energie-Ring aufhalten bzw. ablenken (s. Kap. 3)	• Kompass der Veränderung: traut sich über die Schwelle, sucht Verbündete und lässt sich vom grünen Energie-Ring ermutigen (s. Kap. 3)

◼ **Abb. 2.22**   Merkmale Hirn 1.0 und Hirn 4.0

Jahre nur entsprechend anders verdrahten, sich das neuronale Netzwerk jeweils anders strukturiert. Auch wird das Beschreiben von Hirn 4.0 oder die Forderung „Sei so!" niemanden motivieren, sich auf den persönlichen Entwicklungsprozess einzulassen. Die Merkmale können dennoch zum ersten Reflektieren anregen. Welche Verdrahtungen sind bei mir besonders stark? Welche Denkmuster sind bei mir besonders ausgeprägt? Beispielsweise der Drang nach Sicherheit oder eher der Drang, Neues zu lernen? Gibt mir Führung von anderen Orientierung und Halt oder fühle ich mich dadurch eher eingeengt? Weshalb genau ist mir Kontrolle so wichtig? In welchen Situationen tickt mein Hirn 1.0 an? Was sind meine Rahmenbedingungen für mein Hirn 4.0?

▪ Das Hirn verstehen

Oftmals hören wir von unseren Kunden „Der ist so, das ist sein Charakter. Und Menschen kann man ja nicht ändern." Selbstverständlich können wir darüber diskutieren, wie weit ein Mensch bereit oder fähig ist, sich zu verändern. Wenn das Glas noch leer ist, passt viel hinein. Wenn das Glas bereits voll ist, passt weniger hinein oder wir müssen es erst ausleeren. Bei einem Glas eine einfache Sache, bei unserem Hirn weniger einfach. Auf der einen Seite müssen die Menschen im Unternehmen 4.0 viel Neues lernen. Solange es um neues Wissen geht, wie beispielsweise eine neue Technologie funktioniert, ist das noch relativ einfach, denn dieses spezifische Glas in unserem Hirn ist noch ziemlich leer. Auf der anderen Seite müssen Menschen jedoch auch Altes verlernen bzw. umlernen. Und zwar immer dann, wenn unser Glas bereits gefüllt ist. Wenn es um Fragen geht wie „Wie führen wir das Unternehmen?" – „Was ist für uns Erfolg?" – „Wie mache ich einen guten Job?", treffen neue Denkweisen auf eine bereits bestehende Denkstruktur in unserem Hirn. Somit ist es logisch, dass dieses Umdenken Menschen schwerer fällt, je mehr Erfahrungen sie bereits gemacht haben. Jüngere Mitarbeiter tun sich deshalb leichter mit dem Umgang mit Neuem. Sie müssen weniger umdenken oder haben einfach nicht so viel zu verlernen.

Wir Menschen brauchen neue Erfahrungen, damit wir unser Denken sowie unseren Umgang mit uns selbst und mit anderen verändern. Und wenn wir diese neuen Erfahrungen dann gemeinsam mit anderen Menschen reflektieren können, so besteht eine Chance, dass unser Hirn daraus lernt. Lernen heißt, es entstehen neue jungfräuliche neuronale Verknüpfungen. Treffen diese neuen Synapsen auf eine „grüne Wiese", so haben sie die Chance, durch Wiederholung stabil zu werden. Treffen diese neuen Synapsen allerdings auf jahrelange Berufserfahrung, sprich bereits vorhandene stabile Netzwerke, so haben diese jungen Verknüpfungen kaum eine Chance zu überleben.

Nehmen wir als Beispiel ein Projektteam. Jeder Teilnehmer hat bisher in den Status Meetings für seine eigene Aufgabe berichtet, wo er steht. Meinungen waren wichtiger als Fragen. Das Verteidigen des eigenen Bereichs war ein natürlicher Reflex, der über die Jahre zur Gewohnheit wurde. Nun traut sich plötzlich ein Mitarbeiter, ungewohnte Fragen zu stellen, obwohl der eigene Vorgesetzte mit im Meeting sitzt. Er bricht eine bisher gelebte Regel. Wenn er der Einzige ist, der versucht, ein Mindset Welt 4.0 in die Meetings zu bringen und seine eigenen neuronalen Netzwerke noch instabil sind, so werden sie nicht nur durch das eigene Erfahrungsdenken infrage gestellt, nein, sie werden auch durch die gelebte bisherige Kultur und Verhaltensweise der Kollegen herausgefordert.

Beeindruckt hat uns vor einigen Jahren die Erkenntnis, wie kraftvoll unsere inneren Bilder und deren Konstrukte sind. Sind sie eher negativ geprägt wie „Digitalisierung kostet uns 50 % aller Arbeitsplätze!" oder eher positiv wie „Digitalisierung eröffnet uns neue Chancen!", es wird unseren Umgang mit Digitalisierung und die Stoßrichtung unserer Entscheidungen stets beeinflussen. Und wenn wir dann noch wissen, dass unser Hirn schwer unterscheiden kann zwischen Realität und Fiktion, dann bekommen wir vielleicht eine Vorstellung davon, weshalb sich ein Mensch voller Zweifel oder Ängste schlecht fühlt, weshalb sein Körper Stresssymptome aufweist, weshalb diese Menschen eher zu Krankheit neigen. Wir konstruieren uns also über unsere bisher gemachten Erfahrungen und unser subjektives Bewertungssystem unsere eigene Wahrheit. Wenn wir in Unternehmen in der Transformation nicht stecken bleiben wollen, so kann es sich lohnen, mit diesem Wissen hinter spezifische Themen im Rahmen der Digitalisierung zu blicken. Was löst das Thema Digitalisierung ganz generell bei uns aus? Mit welchen Bildern und Konstrukten laufen wir herum? Wie sieht unser Autopilot aus? In welchen unbewussten Reflexen sind wir gefangen?

Emotionen sind von Mensch zu Mensch unterschiedlich. Sie sind das Resultat ihrer Bilder, Bewertungen, Erwartungen, also ihrer individuell konstruierten Welt. Meine konstruierte Gedankenwelt ist immer wahr. Die konstruierte Gedankenwelt der anderen ist allerdings ebenso wahr. Wieso? Weil jeder den aktuellen Fakt oder das Ereignis durch den Filter der bisher gemachten eigenen Erfahrungen sieht.

In Coaching Sessions hören wir immer wieder von Mitarbeitern und Führungskräften „Die Digitalisierung macht mir Angst!". Vermutlich ist es weniger die Digitalisierung an sich, denn sie arbeiten ja alle mit Laptops, Smartphones, integrierter Software usw. Die subjektiv empfundene Bedrohung kommt wohl eher aus dem bevorstehenden Sprung in die Welt 4.0. Was heißt genau Welt 4.0? Was bedeutet das für uns? Was kommt da auf mich zu? Komme ich mit den künftigen Anforderungen zurecht? Gehöre ich noch dazu?

Ob die Person nun Angst empfindet oder nicht, das hängt von ihren eigenen bisherigen Erfahrungen ab. Ob bei der Person nun Zweifel hochkommen oder nicht, das hängt von ihren Denk- und Bewertungsgewohnheiten ab. Ob die Person in Panik verfällt oder nicht, hängt von der selbst konstruierten Gedankenwelt ab.

Für Menschen im Wandelprozess ist es empfehlenswert, sich damit auseinanderzusetzen, wie ihre konstruierte Gedankenwelt aussieht, wie unser Hirn funktioniert und welche Interventionen und Werkzeuge es gibt, bestehende synaptische Verbindungen zu trennen und neue Verknüpfungen zu entwickeln. Wer sich also nicht nur mit technischen Inhalten beschäftigt, sondern sich auch dem eigenen Reifeprozess stellt, wird den Prozess des Wandels besser meistern.

■ Unternehmen 4.0 und Faktor Mensch in Beziehung bringen

Die neuen technologischen Möglichkeiten und disruptiven Geschäftsmodelle eröffnen den Unternehmen neue Chancen. Dies kann sogar so weit gehen, dass sich der Unternehmenszweck und damit die eigene Identität verändern. Vielleicht waren wir bisher ein Technologie-Unternehmen, das sich zu einem Software-Anbieter entwickelt. Vielleicht waren wir bisher ein Produkte-Anbieter, der sich zu einem Service-Unternehmen entwickelt. Vielleicht verschiebt sich unser People-Business in ein Plattform-Business.

Wer ein Unternehmen 4.0 werden möchte, der sollte sich gründlich mit dem Zukunftsbild, den daraus resultierenden Erfolgsfaktoren und den Konsequenzen für die Menschen auseinandersetzen. Hört sich leicht an, wird aber in der Praxis häufig vernachlässigt. Wenn dieser Klärungsprozess nur halbherzig passiert, dann besteht die Gefahr, in der alten Dynamik sozusagen steckenzubleiben. Die bisherigen Erfolgsfaktoren sind tief verankert im Unternehmen. Das bisherige Führungsverständnis sitzt tief in unseren Reflexen. Die bisherige Arbeitsweise wurde geschätzt, gelobt, bonifiziert, befördert. Die bisherige Denkweise ist „normal". Wir identifizieren uns damit. Wieso also umdenken?

Selbst wenn wir unseren Zielzustand noch nicht kennen, auch noch nicht wissen, auf welche technischen Lösungen wir setzen oder wie wir künftig unser Geld verdienen werden, die neue Identität gibt uns Orientierung. Wenn uns diese grundsätzliche Neuorientierung fehlt und wir diesen Denk-Prozess im Unternehmen nicht aktiv anregen, werden Führungskräfte und Mitarbeiter immer die Sinnhaftigkeit des Wandels und schlussendlich auch sich selbst hinterfragen. Typische Aussagen sind dann „Warum braucht es die Neuausrichtung überhaupt, uns geht es doch gut!" oder „Was haben wir bisher falsch gemacht?".

Es ist somit hilfreich, wenn Führungskräfte und Mitarbeiter Zeit bekommen, sich mit dem Unternehmen 4.0 und der Sinnhaftigkeit auseinanderzusetzen. An dieser Stelle geht es noch nicht darum, das finale Zielbild im Detail zu definieren. Es geht vielmehr darum, ein Verständnis zu entwickeln, weshalb sich das Unternehmen auf den Weg in die Welt 4.0 macht, also das „Wozu?".

Ein Ansatz kann sein, in Szenarien zu denken:

- Was wäre, wenn die Konkurrenz über Nacht an uns vorbeizieht?
- Mal angenommen, unser bisheriges Geschäftsmodell funktioniert nächstes Jahr nicht mehr?
- Wer wären wir, wenn wir auf der grünen Wiese neu starten würden?
- Welche Chancen tun sich auf, wenn wir uns von einem Produkt- zu einem Software-Anbieter entwickeln?
- Was wäre, wenn wir gar keine Produkte mehr verkaufen, sondern nur noch Services?
- Wie müssten wir ein kreatives engagiertes Technologie-Team arbeiten lassen und integrieren, damit ihnen die Freude nicht vergeht und wir davon profitieren?

2

■ **Kreativräume ermöglichen und Lernprozesse anregen**

Die Hirnforschung hat belegt, dass unser Hirn bis ins hohe Alter veränderungsfähig ist (Stichwort Neuroplastizität Wikipedia 2018d). Vor allem in Wandelprozessen reicht es nicht, wenn unser Hirn ausschließlich mit kognitivem Wissen gefüttert wird. Es gibt einen Hirnbereich, in dem unsere gemachten Erfahrungen, Überzeugungen und Glaubenssätze gespeichert sind, den Präfrontalen Kortex. Dieser Bereich übersteuert regelmäßig unser logisches Denken, vor allem, wenn wir unter Druck stehen bzw. uns gestresst fühlen. Unser Hirn ist dann in einem inkohärenten Zustand. Auf den Punkt gebracht: Kreativität und Lernen findet nur in einem kohärenten Hirn statt. Oder anders herum: Zahlendruck, pauschale Parolen zu Digitalisierung, Angst vor der Zukunft usw. killen jede Kreativität und Veränderungsbereitschaft. Viele Unternehmen versuchen, den Druck zu erhöhen und erhoffen sich „wir haben doch alles getan!". Noch mal, inkohärente Hirne können nicht mehr kreativ sein, sie sind im Schutzmodus.

Das Hirn versucht, mit so wenig Energieaufwand wie möglich durchs Leben zu gehen. Es versucht, jede Spannung oder Überreizung zu vermeiden. Bei all dem Alltagsstress und dem Druck ist es somit logisch, dass Menschen versuchen, bei der Abwicklung ihrer Aufgaben in der Komfortzone zu bleiben. Wir arbeiten gerne mit den Kollegen zusammen, die wir kennen. Wir gehen gerne zu den Kunden, mit denen wir bisher gut zusammengearbeitet haben. Es landen die Aufgaben auf unserer Todo-Liste, die wir gerne abarbeiten. Wir initiieren die Projekte, wo wir bereits vorhersagen können, dass sie gut werden. Die Orientierung an der Komfortzone gibt uns Sicherheit und sorgt für Balance in unserem Hirn.

Neue neuronale Verknüpfungen im Hirn entstehen aber nur, wenn sich der Mensch in die Lernzone wagt und neue Erfahrungen macht. Lernen heißt, neue Verknüpfungen und somit neue neuronale Netzwerke im Hirn zu bauen. Das geht nicht auf Knopfdruck. Der Mensch ist keine Maschine, den wir einfach mit einem Software-Update umprogrammieren können. Der Mensch braucht Möglichkeiten zum Lernen, Räume zum Reflektieren, Zeit um neue eigene Erfahrungen zu machen. Diese neuen Erfahrungen sind zunächst wie ein junges Pflänzchen, das wieder eingeht, wenn wir es nicht hegen und pflegen. Denn die bisherigen Überzeugungen und Bilder in unseren Hirnen sind zäh. Um bei dem Bild der Pflanze zu bleiben, sie sind bereits zu einem 30 oder 50 Jahre alten Baum herangewachsen, der schon viele Winter überlebt hat.

Wir sind alle kreative Menschen. Wer das bezweifelt, der mag sich an seine eigene Kindheit erinnern. Was sind da für kreative Bilder entstanden. Uns war es egal, wie die Erwachsenen reagieren, wir haben uns und unsere Umwelt ausgeblendet und uns der Natur oder unseren inneren Bildern hingegeben. Heute sind wir erwachsen und haben diese spielerische Leichtigkeit verloren. Wir haben es also verlernt, weil unsere kreativen Ergebnisse bewertet und verurteilt wurden. Diese Bewertung von anderen ist es, was uns abhält, unseren eigenen Impulsen zu vertrauen und unsere Ideen einzubringen. Die Frage ist also, wie lernen Mitarbeiter wieder, ihre kreativen Gedanken Raum zu geben und ihre Ideen einzubringen?

Unternehmen können Raum dafür geben und mit kreativen Umgebungen, kreativen Techniken in Workshops oder mit Fragen anregen. Genau darum geht es, anzuregen zum Denken. Damit die Mitarbeiter neue Erfahrungen und damit neue Verknüpfungen im Hirn machen: „meine Ideen werden gehört" oder „meine Gedanken werden weiterentwickelt" oder „ich darf mich einbringen". Unternehmen sollten dafür sorgen, dass die Auseinandersetzung mit der Zukunft Spaß machen darf, dass zum Mitgestalten eingeladen wird, dass es einen „Safe Room" gibt, in dem alles erlaubt ist. Druck rausnehmen anstatt erhöhen! Spielerisch.

Es gibt unendlich viele Möglichkeiten, die Kreativität im Unternehmen anzuregen. Es muss nicht gleich das gesamte Büro nach Google Prinzip überarbeitet werden. Vor allem für kleinere Unternehmen wäre es bereits sinnvoll, wenn beispielsweise einmal im Quartal ein Kreativtag etabliert werden würde oder regelmäßig Teams zusammengestellt würden, die sich mit Zukunftsthemen auseinandersetzen dürfen.

■ Unbewusste Dynamiken mit Achtsamkeit ins Bewusstsein bringen

Der Begriff Achtsamkeit entwickelt sich zum modernen Trendbegriff, eine Bewegung aus dem Buddhismus oder der Spiritualität. Achtsamkeit hält auch Einzug in einige Unternehmen. Allerdings lässt sich beobachten, dass die Maßnahmen teilweise als Optimierung des Effizienzdenkens missbraucht werden, um noch mehr aus den Mitarbeitern herauszupressen. Maßnahmen zur Verbesserung der Resilienz, der Zufriedenheit oder „Wellbeing" der Mitarbeiter sind sehr zu begrüßen.

Achtsamkeit geht jedoch viel weiter. Es ist der bewusste Umgang mit uns selbst und mit unserem Umfeld. Wenn wir regelmäßig Achtsamkeit praktizieren, sind wir in der Lage, unser Denken ins Bewusstsein zu bringen, Impulse von außen bewusst zu realisieren, unser eigenes Bewertungssystem zu kennen und unseren Fokus gezielt auszurichten. Diese Aufmerksamkeitssteuerung erlaubt es uns, das eigene Handeln bewusst zu steuern. Unsere Wahrnehmungskompetenz und unser Handlungsspielraum werden sich dadurch vergrößern. Wir überwinden unsere unbewussten Reflexe, unsere impulsgesteuerten Reaktionen und unliebsame Gewohnheiten können abgelegt werden. Dadurch bekommen wir ein sehr wirkungsvolles Selbststeuerungstool an die Hand.

Wenn wir in Balance sind, dann ist unser Hirn in einem kohärenten Zustand. Unser Hirn verbraucht wenig Energie, wir sind leistungsfähig und entspannt. Wenn wir uns gestresst fühlen, dann ist unser Hirn in einem inkohärenten Zustand. Unser Hirn verbraucht viel Energie, wir sind wenig belastbar und kaum kreativ. Wie ◘ Abb. 2.23 zeigt, verschiebt sich der Punkt in der Mitte nach rechts. Doch welche Impulse und Faktoren sind es genau, die den Punkt nach rechts verschieben? Die neue digitale Strategie, das Sparprogramm oder die Entscheidungen des CEO? Oder ist es vielleicht eher der drohende Kontrollverlust, der absehbare Statusverlust oder die anstehende persönliche Neuausrichtung, also die Ungewissheit, die unsere eigenen Ängste hochspült? Und welche Impulse und Faktoren unterstützen mich dabei, den Punkt nach links zu verschieben? Das praktizieren von Entspannungsübungen wie Yoga oder Meditation, eine entspannte Wanderung in den Bergen oder die Gespräche mit Freunden oder einem Coach.

Genau diese Selbststeuerungskompetenz benötigen Menschen, um erfolgreich durch den Wandel zu kommen. Es wäre schade, wenn die positive und kraftvolle Wirkung von Achtsamkeit im unternehmerischen Umfeld verpufft. Aber wie können wir Vorurteile und Skepsis überwinden? Vielleicht hilft es, in Entwicklungsprogrammen andere Begriffe zu verwenden? Wie wäre es mit Wandelkompetenz oder Fokussteuerung? Ganz sicher würde aber Aufklärung und selbst gemachte Erfahrungen helfen.

Kurse für Achtsamkeit und Meditation können ein bereicherndes Angebot sein, um die persönliche Resilienz zu stärken und die persönliche Aufmerksamkeit aktiv zu steuern. Es gibt einfache Übungen, beispielsweise das bewusste Ausführen einer Alltagsroutine:

2

- Achtsames Gehen zum nächsten Meetingraum
- Bewusstes Wahrnehmen von Bürostuhl oder Autositz
- Achtsames Zuhören beim nächsten Gespräch
- Innere „Pause" drücken beim Holen und Trinken von Kaffee bzw. Tee
- Einmal tief Atmen bevor wir das Telefon abnehmen oder zum Handy greifen

Dass Meditationen sehr wirkungsvoll sind, hat die Wissenschaft ausgiebig belegt. Dass Körper und Geist eng miteinander verbunden sind und keine getrennten Einheiten, wird heute auch kaum jemand mehr anzweifeln. Dass stressige Gedanken und Agieren in der Panikzone zu Stress im Körper führt, kennt auch jeder. Wie wir jedoch Inkohärenz im Hirn schnell wieder beruhigen, also für Kohärenz sorgen, darin sind wir nicht geübt. Wenn wir nun jahrelang mit den gleichen destruktiven Gedanken unbewusst durch den Alltag gehen, so merken wir gar nicht, welche zerstörerische Kraft in unserem Gedankenmüll liegt.

Richtig spannend wird es, wenn versucht wird, Methoden der Achtsamkeit in den Berufsalltag zu integrieren. Eine sehr einfache Variante sind 1-Minuten-Übungen zum Einstieg in Workshops oder in Meetings. Schon alleine das bewusste Atmen oder das bewusste Wahrnehmen von Körperteilen sorgt dafür, dass Teilnehmer besser ankommen und die vorigen Aktivitäten besser ziehen lassen können. Ebenso einfach

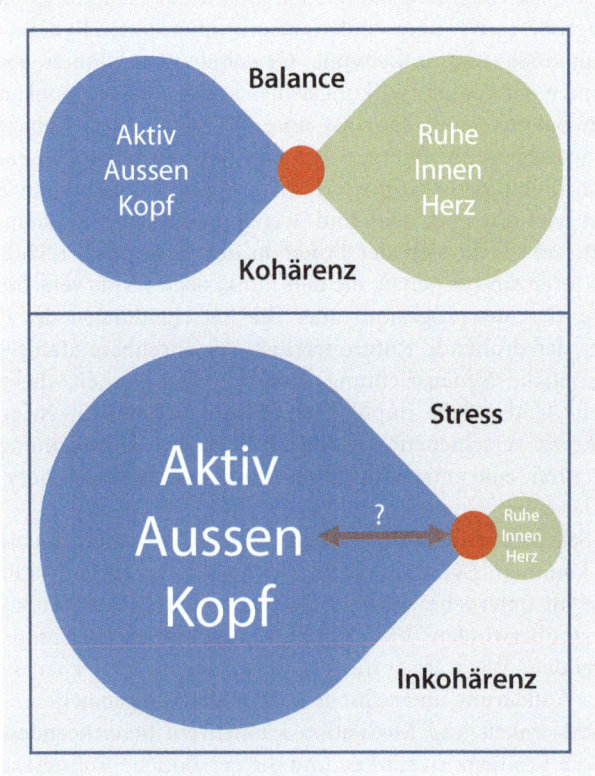

◻ **Abb. 2.23**   Kompetenz der Selbststeuerung

sind Schweigeminuten oder Minuten des Sinnierens. Vor oder während einem kreativen Prozess kann hier durchaus ein gedanklicher Durchbruch passieren. Wer es nicht ganz so sinnlich mag, der kann auch Meetings mit einer immer gleichen Aktion starten, beispielsweise mit einer Frage:

- Wir sind agil – was war mein persönlicher agiler Beitrag diese Woche?
- Wir geben uns Feedback – welches Feedback habe ich kürzlich bekommen?
- Wir agieren im Netzwerk – inwiefern wurde ich von Kollegen bzw. Ecosystem aktiv eingebunden?
- Wir überdenken Gewohnheiten – was machen wir heute anders als letzten Monat? Was haben wir losgelassen?

Die Auseinandersetzung mit sich selbst und das teilen in der Gemeinschaft hilft dabei, zunächst ungewöhnliche Fragen zur Normalität werden zu lassen. Dieses bewusste Ausrichten im Berufsalltag unterstützt die Neuausrichtung des Unternehmens.

■ **Führungsverständnis reflektieren**

Mit einem Führungsverständnis der Welt 3.0 lässt sich die Welt der Vernetzung nicht erobern. Wie in ▶ Abschn. 2.3.2 beschrieben, werden nur Unternehmen den Sprung in die Welt 4.0 schaffen, die den Shift vom Menschenbild X zu Y erreichen. Wie Unternehmen das neue Menschenbild in der Organisation verankern, das lässt sich nicht verallgemeinern. Wir raten auch davon ab, Modelle einfach zu kopieren. Am besten werden diese Findungsprozesse gemeinsam mit den Führungskräften, vielleicht sogar gemeinsam mit den Mitarbeitern gemacht.

In Transformationsprojekten hören wir von Führungskräften immer wieder Aussagen wie „Das können die Mitarbeiter nicht!". Von solchen oder anderen Killerphrasen sollten wir uns nicht beirren lassen, denn diese Aussagen sind richtig und gleichzeitig sind sie falsch. Sie sind richtig, weil Mitverantwortung und Eigeninitiative in der heutigen Kultur noch wenig gelebt wird. Aber sind wir wirklich 100 %ig sicher, dass es nicht Rahmenbedingungen gibt, sodass Mitarbeiter Verantwortung durchaus leben könnten? Positive Beispielprojekte gibt es genügend. So durften wir Autoren Transformationen begleiten, wo nach einigen Jahren die Führungskräfte zugaben, völlig unterschätzt zu haben, welche Kräfte in den eigenen Mitarbeitern und Teams stecken.

Die Auseinandersetzung mit dem eigenen oder im Unternehmen gelebten Menschenbild erfordert Behutsamkeit. Es geht nicht darum, das bisherige Führen zu verurteilen bzw. herauszuarbeiten, welche Verhaltensweise richtig oder falsch ist. Es geht um die mentale Auseinandersetzung mit sich selbst und der Wirksamkeit für die Zukunft.

Hilfreich kann es sein, wenn anregende Fragen gestellt werden:

- Welche Auswirkungen hat es, wenn wir konsequent der Theorie Y folgen?
- Was wäre, wenn wir morgen keine Chefs mehr hätten?
- Mal angenommen, wir wären ab morgen eine agile Organisation, woran würden das Führungskräfte und Mitarbeiter merken?
- Welche Führungsprinzipien würden wir pflegen, wenn wir ein Start-up wären?
- Wie müssten wir ein kreatives engagiertes Technologie-Team führen, damit ihnen die Freude nicht vergeht und wir davon profitieren?

2

- ▬ Was würde für uns Lean im Führungsverständnis bedeuten? Was sollten wir entrümpeln?
- ▬ Was, wenn klassische Führungsinstrumente uns auf dem neuen Weg behindern? Welchen Effekt haben Ziele, Budgets, Stellenbeschreibungen, Kontrollen, Mitarbeiterbeurteilungen, Talentmanagement auf die Mitarbeiter? Auf welche Instrumente sollten wir verzichten?

Bei den Führungsinstrumenten ist weniger relevant, ob wir diese nutzen oder nicht. Vielmehr ist relevant, mit welcher Haltung wir sie anwenden. Nehmen wir das Beispiel Performancemanagement. Passt das noch zu einem Unternehmen 4.0? Radikale Ansätze würden diese Frage vermutlich mit „nein" beantworten, weil mit fortschreitender Veränderungsgeschwindigkeit ein permanentes Justieren der Organisation notwendig ist. Weniger radikale Ansätze nutzen das Instrument noch immer, jedoch auf eine andere Art und Weise. Sie setzen sich damit auseinander, wie sie weg kommen von „Command & Control" (Mitarbeiter zu kontrollieren, zu bewerten und kalibrierte Ranglisten zu erstellen), hin zu „Lead & Inspire" (Mitarbeiter Feedback anzubieten und Potentialentfaltende Dialoge durchzuführen ohne Ranglisten).

Auch beim Führungsverständnis braucht es eine Haltung des Erforschens. Mit Hilfe von anregenden Fragen und Lern-Workshops arbeitet das Unternehmen oder das Team heraus, wozu es zunächst bereit ist. Vielleicht ist ein erster Schritt, dass es keine verpflichtenden Meetings mehr gibt. Oder wir schaffen individuelle Ziele ab und fokussieren auf Teamziele. Oder aber wir überlegen uns ein Instrument bzw. ein Set-up zur Reflexion, wo unser Führen in Richtung Theorie Y auf den Prüfstand gestellt wird. Denn wie schon mehrfach erwähnt, der Umbau unseres Denkens braucht Zeit und regelmäßige Impulse.

■ **Führungskräfte auf die Welt 4.0 vorbereiten**

Veränderungen gab es in Unternehmen schon immer. Der Übergang von der 3. in die 4. Industrielle Revolution stellt allerdings unser bisheriges Führungsverständnis auf den Kopf. Wie schaffen die Führungskräfte den Sprung in die Welt 4.0? Wie gehen sie mit steigender Komplexität, Unsicherheit, Kontrollverlust und der Aufforderung zum Loslassen um? Wie entwickeln sie einen Forschergeist für die anstehenden Themen, das neue Führungsverständnis und vor allem für sich selbst?

Für die Dimension Technik ist es relativ einfach, eine Ausbildung auf die Beine zu stellen oder zu finden. Die größte Herausforderung ist vermutlich dabei, den passenden technischen Experten zu finden oder ein passendes Weiterbildungsprogramm.

Für die Dimension Organisation ist es bereits etwas schwieriger, vor allem dann, wenn wir noch ein unscharfes Zielbild im Kopf haben. Wenn Führungskräfte selbst erforschen sollen, dann brauchen sie zumindest ein Grundverständnis, was es für mögliche organisatorische Modelle gibt. Es gibt mittlerweile einige Konferenzen, Meetups, Seminare, die sich mit den Themen agile Organisation oder Netzwerkorganisation auseinandersetzen. Sehr empfehlenswert sind co-kreative Workshops, bei denen Teilnehmer aus unterschiedlichen Unternehmen zusammenkommen und sich gegenseitig inspirieren. Hier entstehen ergänzend Kontakte nach außen und die Führungskräfte können sich vernetzen.

Für die Dimension Mensch sind wir überzeugt, dass klassische Ausbildungsprogramme im Wandel nicht funktionieren und das falsche Signal senden würden. Wir müssen weg von belehrenden Experten, die genau wissen, wie wir morgen führen müssen. Die Annahme „so geht es" impliziert, dass es ein Falsch oder Richtig gibt. Und die reine Forderung „Führung braucht …" macht ihnen zusätzlichen Druck. Am Ende fühlen sie sich schlecht und gestresst. Nur logisch, dass Führungskräfte dann versuchen, den Druck rauszunehmen, indem sie an gewohntem Denken festhalten und in die bisherige Komfortzone flüchten. Führungskräfte sollten sich gemeinsam auf die Entdeckungsreise machen, wie neues Führen im eigenen Unternehmen gelingen kann. Eines ist klar, die bewährten Kontrollmechanismen werden nicht mehr ausreichen. Des weiteren sollten sie lernen, wie sie es schaffen, dass Mitarbeiter an die Zukunft glauben, mit welchen Faktoren psychologische Sicherheit geboten werden kann und wie sich alle in Richtung Zukunft in Bewegung setzen. Danach sollten sie sich damit auseinandersetzen, was das Ganze persönlich mit ihnen macht und einen Weg finden, wie neues Führen für sie persönlich gelingen kann.

In unserer Beratungspraxis haben wir die Erfahrung gemacht, dass die drei Dimensionen meist getrennt voneinander betrachtet und ausgebildet werden. Da sich Unternehmen auf dem Weg in die Welt 4.0 in einer grundlegenden Neuausrichtung befinden, gehen hier enorme Synergieeffekte verloren. Im dümmsten Fall passiert es ähnlich wie bei diesem Beispiel: Ein schweizerischer Mittelständler konzipiert eine Veranstaltung für alle globalen Führungskräfte „Digitale Transformation". Tag 1 wurde von digitalen Experten durchgeführt, auf der Agenda standen Themen wie digitale Trends zur Inspiration, Generierung von Ideen mit Hilfe von Design Thinking und der Überprüfung des jeweiligen Mehrwerts. Am Abend waren die Teilnehmer voller Energie und hatten hohe Erwartungen. Auf der Agenda von Tag 2 stand das Thema Agilität und wurde von Experten aus der Organisationsentwicklung durchgeführt, die von den technischen Möglichkeiten, den Ideen, den Gedankengängen des Vortages nichts mitbekommen hatten. Die beiden Tage gingen nicht Hand-in-Hand. Am Ende waren die Teilnehmer wie auch die Geschäftsleitung unzufrieden, frustriert und verunsichert.

Gelungene Transformationen verknüpfen alle drei Dimensionen miteinander, auch auf Ebene der Beratung. Wir sind uns durchaus bewusst, dass es noch wenige Berater gibt, die in allen drei Dimensionen durchdacht und erfahren sind. Aber vielleicht ist genau das ein neues Berufsbild für die Beratung 4.0?

Beim Transfer in den Berufsalltag ist ein neutraler Gesprächspartner zur Reflexion sehr wirkungsvoll. Im Idealfall ist das ein externer Coach, der die unterschiedlichen Dynamiken von Welt 3.0 und 4.0 kennt, der die persönlichen, tief verankerten inneren Blockaden behutsam an die Oberfläche bringen kann und der Tools zum Musterbrechen anbietet. Das können einfache Werkzeuge sein wie das Arbeiten mit Glaubenssätzen oder auch komplexere wie beispielsweise das Auflösen von destruktiven Emotionen.

2

- ▪ **Die Zukunft verstehen**

Die Auseinandersetzung mit der Zukunft und mit offenen Fragen sollte in Workshops stattfinden, die es schaffen, die Teilnehmer auf die Metaebene zu heben. Verbale Dialoge und klassische Kommunikationskanäle reichen nicht aus. Die Versuchung ist sehr groß, in alte Reflexe zu verfallen, sich durch Meinungen der anderen angegriffen zu fühlen und an alten Geschichten kleben zu bleiben. Analoge Methoden sind sehr wirkungsvoll, um sich vom eigenen Alltag und Bewertungssystem wirklich lösen zu können. Dies kann mit gestalterischen Elementen passieren wie Bildern oder Landkarten, mit spielerischen Elementen wie Legosteinen oder Playmobil Figuren, mit körperlichen Elementen wie Stabfechten, Theater, Tanz, aber auch mit kreativem freien Schreiben. All diese Methoden erlauben einen besseren Zugang zur Intuition, regen beide Hirnhälften an und wollen die üblichen Automatismen im Denken überwinden.

Ob ein solcher Workshop innerhalb eines Teams stattfindet oder die Teilnehmer aus unterschiedlichen Funktionsbereichen bzw. Hierarchieebenen kommen, das hängt von der konkreten Zielsetzung ab. Soll ein Team mobilisiert werden oder soll Silodenken aufgebrochen werden? Soll Interesse für ein Thema geweckt werden oder sollen die Auswirkungen von ersten Ideen herausgearbeitet werden? Sollen Mitarbeiter erfahren, welch kreatives Potential in ihnen steckt oder sollen Führungskräfte ein Bewusstsein entwickeln, wie es sich anfühlt, hierarchieübergreifend nach Lösungen zu suchen? Eventuell macht es auch Sinn, Partner aus dem Ecosystem zu integrieren, vor allem dann, wenn wir unser eigenes Denken anreichern möchten.

Diese Workshops sollten mit einem Profi durchgeführt werden. Wir haben die Erfahrung gemacht, dass zum einen die Teilnehmer durchaus ihre Komfortzone verlassen (durch ungewohnte Inhalte oder ungewohnte Methoden) und ein achtsames Führen durch den Workshop gefragt ist. Zum anderen können Teilnehmer Erkenntnisse darüber gewinnen, was in Zukunft auf sie persönlich zukommt. Das kann zu individuellem oder kollektivem Stress führen. Es wäre schade, wenn dieser Stress dann auf den Moderator überschwappt und die Zielsetzung des Workshops nicht erreicht wird.

- ▪ **Skill-Bedarfe erkennen und Mitarbeiter ausbilden**

In der 3. Industriellen Revolution wurden bereits viele Tätigkeiten durch Robotik sowie hochautomatisierte Maschinen ersetzt. Betroffen davon waren vor allem die Tätigkeiten, die mit repetitiven Handarbeiten verbunden waren. Eine Studie des World Economic Forum (WEF) zeigt, dass komplexe Problemlösungs-, sowie Sozial- und System-Kompetenzen im Jahr 2020 sehr viel stärker gefragt sein werden, als physische oder fachlich-inhaltliche Qualifikationen (Klaus Schwab, *Die Vierte Industrielle Revolution,* 2016, S. 64). Der „Future of Jobs Report" des World Economic Forums (WEF) (▶ http://www3.weforum.org/docs/WEF_FOJ_Executive_Summary_Jobs.pdf) kommt zum in ◘ Abb. 2.24 dargestelltem Ergebnis.

Laut Schwab (S. 61) besteht das höchste Automatisierungsrisiko (die Wahrscheinlichkeit, dass diese Berufe durch den Einsatz von Künstlicher Intelligenz verschwinden werden) bei Telefonverkäufern, Steuerberatern sowie Versicherungssachverständigen. Berufe mit dem geringsten Automatisierungsrisiko sind Sozialarbeiter im Bereich psychische Gesundheit, Choreografen sowie Mediziner.

Change in skills demand and composition

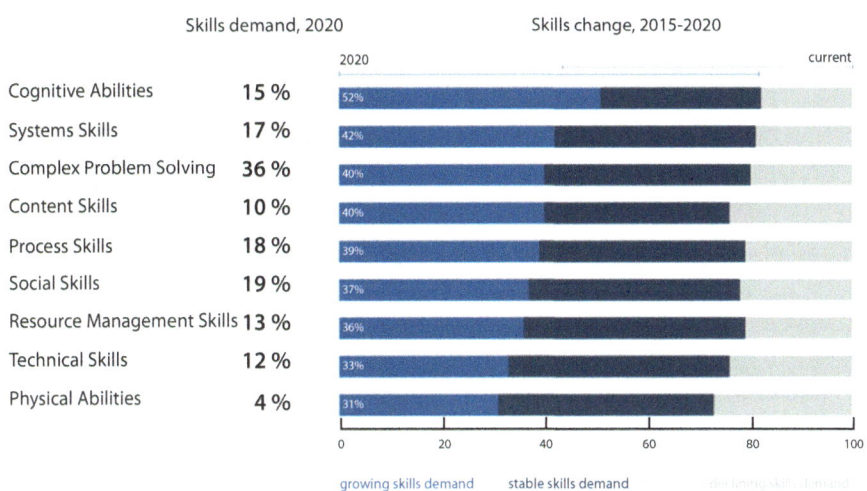

Source: Futute of Jobs Report, World Economic Forum

Abb. 2.24 Veränderungen der Mitarbeiter-Skills laut WEF-Report (2016)

Im Kontext von Vernetzung sowie Cyber-Physikalischen-Systemen heißt das, dass die Datenverarbeitung eine elementare Rolle spielt. Es kann davon ausgegangen werden, dass vor allem Fähigkeiten in den Bereichen Datenübermittlung, Daten-speicherung, Datenanalyse sowie Software-Entwicklung gefragt sein werden.

Abb. 2.25 zeigt am Beispiel der Methode Sense-Analyse-Benefit (vgl. Abb. 2.5), welche neuen Fähigkeiten Mitarbeiter konkret in der digitalen Zukunft benötigen wer-den.

Personalplaner und -entwickler in Unternehmen sollten bereits heute damit beginnen, nach den beschriebenen Skills am Arbeitsmarkt zu suchen oder eine innerbetriebliche Initiative zur Ausbildung starten, damit sich Mitarbeiter für die 4. Industrielle Revolution entsprechend fit machen können.

Prozess	SENSE	ANALYSE	BENEFIT
Aufgabenstellung	• Wie werden die Daten von den Sensoren an den Dingen erfasst? • Wie werden die Daten von den Dingen in die IoT-Cloud übertragen?	• Welche Daten in der IoT-Cloud sind wertvolle Informationen, d.h. können potentiell einen Geschäftsnutzen generieren? • Wie werden die Informationen für den Benutzer (z.B. Maschinen-Bediener, Produktions-Planer, Service-Techniker) so dargestellt, dass er daraus Aktivitäten ableiten kann?	• Mit welchen Echtzeit-Informationen können bestehende Prozesse zusätzlich automatisiert, beschleunigt oder sicherer gemacht werden? • Welche mathematischen Modelle von Dingen machen zuverlässige Vorhersagen und ermöglichen so eine Steigerung der Produktivität? • Welche neuen Geschäfts-modelle können generiert werden?
Skill Profil	**1.Elektronik & Elektrotechnik** «Technische Informatiker» extrahieren Daten von Sensoren & Aktoren (z.B. Druck, Temperatur, Strom, Geschwindigkeit) aus Maschinensteuerungen. **2.Telekommunikation & Datenübertragung** «Telco-Techniker» übertragen die Daten über eine Konnektivität (Mobiles Netz, Festnetz, Low Power Network) in die IoT-Cloud.	**1.Datenspeicherung & Big Data Handling** Sehr große Datenmengen (Big Data) werden von „Data Scientists" strukturiert gespeichert und analysiert. **2.Visualisierung** Die Visualisierung der Informationen werden von «User Interface Designern» sowie «Mobile App Entwicklern» realisiert (neue Generation von Mensch-Maschine-Schnittstelle).	**1.Prozess-Optimierung** «Geschäftsprozess Berater» und «Software Entwickler» integrieren Echtzeit-Informationen in bestehende Prozesse. **2.Mustererkennung & Vorhersagen** «Data Scientists» entwickeln mathematische Modelle sowie Maschinen-Lern-Algorithmen zur Mustererkennung und um Vorhersagen zu machen. **3.Neue Geschäftsmodelle** «Innovation Manager» oder «Digital Value Detectives» identifizieren neue Möglichkeiten.

◼ **Abb. 2.25**   Notwendige Skills am Beispiel Sense-Analyse-Benefit

Literatur

Bundesministerium für Bildung und Forschung (2013) Umsetzungsempfehlungen für das Zukunfts-projekt Industrie 4.0. ▶ https://www.bmbf.de/files/Umsetzungsempfehlungen_Industrie4_0.pdf. Zugegriffen: 27. Aug. 2018

Dijk (2006) The Network Society, 3. Aufl. Sage, London

Endenburg G (1998) Sociocracy – the organization of decision-making „no objection" as the principle for sociocracy. Eburon, Heemskerk

Gloger B, Rösner D (2014) Selbstorganisation braucht Führung, 1. Aufl. Hanser, München

Google (2018) 10 behaviors of Google's best managers. ▶ https://www.inc.com/justin-bariso/google-spent-a-decade-researching-what-makes-a-great-boss-they-came-up-with-these-10-things.html. Zugegriffen: 15. Aug. 2018

Hüther G (2015) Etwas mehr Hirn, bitte, 1. Aufl. Vandenhoeck & Ruprecht, Göttingen

Laloux F (2015) Reinventing organizations, 1. Aufl. Vahlen, München

Leonhard G (2017) Technology vs. Humanity, 1. Aufl. Vahlen, München

McGregors D (2006) The human side of the enterprise, 1. Aufl. Mcgraw-Hill, New York

Oestereich B, Schröder C (2017) Das Kollegial Geführte Unternehmen. Vahlen, München

Osterwalder A, Pigneur Y (2011) Business model canvas, 18. Aufl. Campus, Frankfurt

Pfläging N (2015) Organisation für Komplexität, 3. Aufl. Redline, München

Pfläging N (2016) Kompexithoden, 3. Aufl. Redline, München

Priest J, Bockelbrink B (2015) ► https://sociocracy30.org/_res/practical-guide/S3-Praxisleitfaden-ebook. pdf

Pugh DS, Hickson DJ (2007) Writers on organizations, 6. Aufl. Sage, Thousand Oaks

Robertson BJ (2016) Holacracy, 1. Aufl. Vahlen, München

Schwab K (2016) Die Vierte Industrielle Revolution, 1. Aufl. Pantheon, München

Sociocracy 3.0 (2018) Soziokratische Organisationsmodelle. ► https://sociocracy30.org. Zugegriffen: 31. Juli. 2018

Steiger T, Lippmann E (2013) Handbuch Angewandte Psychologie für Führungskräfte, 4. Aufl. Springer, Berlin

Techniker Krankenkasse (2016) Stress-Studie. ► https://www.tk.de/tk/service/infografiken/stress/164614. Zugegriffen: 10. Aug. 2018

Wikipedia (2016) Definition Scrum. ► https://de.wikipedia.org/wiki/Scrum. Zugegriffen: 10. Aug. 2016

Wikipedia (2018a) Definition Blockchain. ► https://de.wikipedia.org/wiki/Blockchain. Zugegriffen: 10. Aug. 2018

Wikipedia (2018b) Definition design-thinking. ► https://de.wikipedia.org/wiki/Design_Thinking. Zugegriffen: 20. Aug. 2018

Wikipedia (2018c) Definition Internet-der-Dinge. ► https://de.wikipedia.org/wiki/Internet_der_Dinge. Zugegriffen: 05. Aug. 2018

Wikipedia (2018d) Definition Neuroplastizität. ► https://de.wikipedia.org/wiki/Neuronale_Plasti-zit%C3%A4t. Zugegriffen: 20. Aug. 2018

World Economic Forum (2016) The future of jobs. ► http://www3.weforum.org/docs/WEF_FOJ_Executive_Summary_Jobs.pdf. Zugegriffen: 10. Aug. 2016

Kompass für das Unternehmen 4.0

© Springer Fachmedien Wiesbaden GmbH, ein Teil von Springer Nature 2019
R. Günthner, D. Dollinger, *Hirn 1.0 trifft Technologie 4.0,* https://doi.org/10.1007/978-3-658-23904-6_3

3

3.1 Change-Enablement statt Change-Management

Die professionelle Begleitung des Wandels von der Welt 3.0 in die Welt 4.0 ist ein wesentlicher Bestandteil und der kritischste Erfolgsfaktor in der Digitalen Transformation. In der Vergangenheit haben wir versucht, den Change zu managen (Change-Management). Im Zeitalter der 4. Industriellen Revolution geht es darum, das gesamte Unternehmen zu befähigen, sich den immer schneller kommenden Veränderungen anzupassen (Change-Enablement). Das Ziel ist es, das Individuum so mit der Organisation zu verbinden, dass beide, Individuum und Organisation, das volle Potential entfalten können. Es wird sozusagen eine agile Unternehmens-DNA entwickelt. Das Unternehmen 4.0 schafft es dadurch, nachhaltig resilient zu sein. Laut Wikipedia ist Resilienz (von lateinisch resilire ‚zurückspringen' ‚abprallen') oder psychische Widerstandsfähigkeit die Fähigkeit, Krisen zu bewältigen und sie durch Rückgriff auf persönliche und sozial vermittelte Ressourcen als Anlass für Entwicklungen zu nutzen. Mit Resilienz einher gehen die Erhaltung von Gesundheit, Widerstandsfähigkeit, Bewältigungsstrategie und Selbsterhaltung. In der Literatur ist in diesem Kontext auch der Begriff „Ambiguitäts-Toleranz" zu finden. Damit ist die Fähigkeit gemeint, Widersprüche auszuhalten, in unklaren Situationen ruhig zu bleiben und lösungsorientiert zu handeln.

3.2 Stationen und Akteure

Der *Kompass für das Unternehmen 4.0* sowie die zugehörigen Methoden wurden mit innovativen Unternehmen anhand deren Veränderungsprojekte validiert. Die wissenschaftliche Grundlage bildet das in ▶ Abschn. 2.3.2 beschriebene soziotechnische Organisationsmodell nach Steiger/Lippmann. Das in ▶ Abschn. 2.1.4 beschriebene *Techno-Organisatorische Transformationsmodell* dient dazu, die Digitalisierungsreise ganzheitlich und integrativ zu gestalten und somit die größtmögliche Wirksamkeit im Unternehmen zu erzielen. Der Kompass schafft die Basis für ein gemeinsames Veränderungsverständnis sowie eine einheitliche Veränderungssprache. Dadurch ist es in kurzer Zeit möglich, das häufig vorherrschende Silodenken in Unternehmen aufzubrechen und zu lernen, im Ecosystem zu denken und zu agieren. Er unterstützt bei der Sensibilisierung für Veränderungen auf Führungsebene und gibt den für die Digitale Transformation verantwortlichen Personen einen Werkzeugkasten an die Hand, mit dem sie ihr gesamtes Unternehmen effizient und nachhaltig durch den Veränderungsprozess führen können. Er ist modular aufgebaut, sodass Unternehmen je nach digitalem Reifegrad bei jeder Station in den Veränderungsprozess einsteigen können. Dies gibt Unternehmen größtmögliche Agilität und Flexibilität auf ihrem Weg zum Unternehmen 4.0.

Der Kompass lehnt sich an die Heldenreise von Joseph Campbell an. In seinem Buch „Der Heros in tausend Gestalten (2015)" beschreibt er die Heldenreise (The Hero's Journey) mit seinem typischen Zyklus und den Stationen, die bei Veränderungen durchlaufen werden. Viele Drehbücher für Hollywood-Filme wie z. B. Pretty Woman, E.T., Star Wars, Notting Hill etc. folgen genau dieser von Joseph Campbell beschriebenen Dramaturgie.

Der Held durchläuft die in ◘ Abb. 3.1 beschriebenen Stationen von der „Bekannten Welt" in die „Unbekannte Welt", aus der er gestärkt in die „Bekannte Welt" zurückkehrt, um seine gemachten Erfahrungen und Erkenntnisse dafür einzusetzen, ein glücklicheres, zufriedeneres und sinnvolleres Leben zu führen.

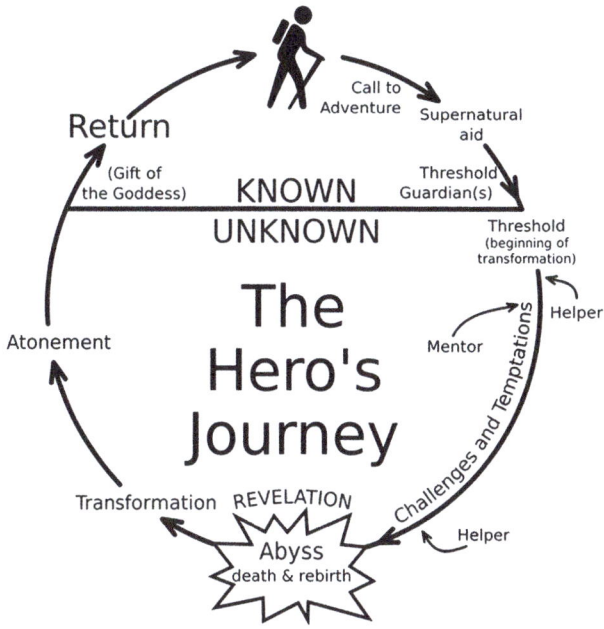

■ **Abb. 3.1**   The Hero's Journey. (Christopher Vogler 2007)

Die „Bekannte Welt" steht dabei für das vertraute Land, die vertraute Umgebung, in der sich der Held sicher fühlt. Es ist die Welt der Routinen und fehlender Überraschungen. Durch Erziehung, Schule sowie Erfahrungen in Beruf sowie Privatleben haben sich Muster und Glaubenssätze ausgeprägt, die unser Denken, Fühlen und Handeln beeinflussen und steuern. Gerald Hüther beschreibt in seinem Buch „Die Macht der inneren Bilder (2014)", wie während dieses Entwicklungsprozesses innere Bilder (Selbstbilder, Menschenbilder und Weltbilder) entstanden sind, die das Denken, Fühlen und Handeln bestimmen (vgl. ▶ Abschn. 2.4).

Die „Unbekannte Welt" steht dabei für das Land der Veränderung, das Unbewusste sowie die Erkundung dessen, wer der Held wirklich ist oder wer er sein könnte. Der Held bekommt in dieser Welt die Möglichkeit, durch Prüfungen und innere Kämpfe Erfahrungen zu machen sowie Erkenntnisse zu gewinnen, die seinem Herzen und weniger seinem Verstand entspringen. Dem Helden begegnen Widerstände, Zweifel und Ängste, die er mit Unterstützung von Mentoren und Helfern überwinden kann.

■ **Erläuterung Kompass für das Unternehmen 4.0**
In einem co-kreativen Prozess mit Kunden wurden die Stationen der Heldenreise nach Campbell auf Veränderungsprozesse in Unternehmen im Kontext der 4. Industriellen Revolution übertragen. Daraus entstand der in ■ Abb. 3.2 dargestellte *Kompass für das Unternehmen 4.0:*
Hauptnutzen des Kompass sind:
– Er gibt Orientierung während Veränderungen auf der digitalen Reise
– Er schafft ein gemeinsames Veränderungsverständnis
– Er schafft eine einheitliche Veränderungssprache
– Er stellt Methoden und Tools zur Verfügung, die den Veränderungsprozess unterstützen

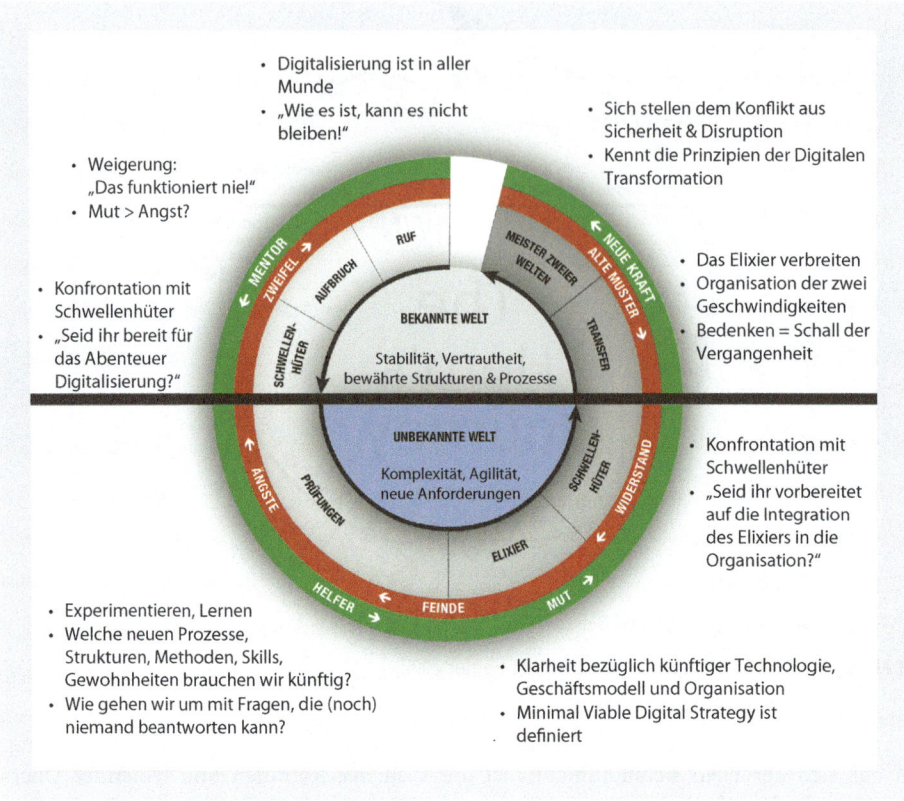

○ **Abb. 3.2** Kompass für das Unternehmen 4.0

Neben den oben beschriebenen Hauptnutzen vereinfacht er die Auseinandersetzung, wie Unternehmen es schaffen, von einer Station zur nächsten zu gelangen. Dies stellt sicher, dass Veränderungen effizient und nachhaltig im Unternehmen verankert werden. Die regelmäßige Reflexion über das Erlebte und Gelernte in den Bereichen Technologie, Organisation und Mensch hilft, sich in Richtung einer permanent lernenden und agilen Organisation zu entwickeln.

Hat das Unternehmen den ersten Veränderungszyklus im Rahmen des Wandels von der Welt 3.0 zur Welt 4.0 komplett durchlaufen, sind folgende Ziele erreicht:
— Ein neues Zielbild inklusive Unternehmenszweck ist entwickelt
— Erfahrungen mit technischen Prototypen und organisatorischen Piloten sind gemacht
— Eine „Minimum Viable Digital Strategy" ist definiert
— Eine Umsetzungs-Roadmap ist erarbeitet
— Die Ergebnisse sind an alle Mitarbeiter sowie strategischen Partner kommuniziert
— Die Transformation in ein Unternehmen 4.0 hat begonnen

In der Digitalen Transformation werden nun die einzelnen Unternehmensbereiche ihren spezifischen Ruf definieren und damit den bereichsspezifischen Veränderungsprozess in Gang setzen. Dabei werden dieselben Stationen durchlaufen und können die gleichen Methoden und Interventionen genutzt werden.

Im Folgenden werden die Stationen vom *Kompass für das Unternehmen 4.0* erläutert. Die zugehörigen Methoden und Interventionen werden in ▶ Abschn. 3.3 im Detail beschrieben.

Bekannte Welt

Im Kontext der Digitalen Transformation ist die „Bekannte Welt" (obere Hälfte Kompass) die Welt 3.0. Unternehmen und deren Mitarbeiter fühlen subjektiv eine psychologische Sicherheit, da sowohl die Mechanismen des Marktes, die Interaktion mit Kunden oder auch die internen informellen wie formellen Strukturen und Prozesse vertraut sind. Hier befinden sich Unternehmen und ihre Mitarbeiter in ihrer Komfortzone.

Unbekannte Welt

In der unteren Hälfte vom Kompass befindet sich die „Unbekannte Welt", die Welt 4.0. Die meisten Unternehmen haben bisher von ihr gehört, wann sie jedoch Einzug hält und wie sich das Arbeiten in der Welt 4.0 anfühlt, ist noch ungewiss. Es wird erwartet, dass die Welt 4.0 komplexer, dynamischer und weniger planbar sein wird. Es ist den Unternehmen bewusst, dass Veränderungen kommen werden, wie diese jedoch genau aussehen, ist ebenfalls nicht bekannt. Die „Unbekannte Welt" wird somit zur Lernzone für Unternehmen und deren Mitarbeiter.

In Ergänzung zur Heldenreise nach Campbell wurde dem *Kompass für das Unternehmen 4.0* der rote sowie der grüne Energiering hinzugefügt.

Der rote Energiering

Der rote Energiering stellt die Elemente dar, die den Veränderungsprozess in aller Regel behindern. Auf dem roten Energiering finden wir die Ängste von Führungskräften und Mitarbeitern, alte Muster und Glaubenssätze, Widerstände gegen das Neue, Zweifel, aber auch Feinde der Veränderung im Unternehmen, die spüren, dass sich durch die kommende Veränderung ihr Einfluss und ihre Macht verringert. Typische Feinde manifestieren sich in politischen Spielen, im Vorschieben von technischen Hürden oder in der Behauptung, dass sich der Business Case nicht rechnen würde.

Der grüne Energiering

Der grüne Energiering beinhaltet all die Elemente, die förderlich für den Veränderungsprozess sind. Dazu gehört der Mentor sowie andere Helfer und Unterstützer aus dem eigenen Unternehmen, von Partnern oder von wichtigen Kunden. Aber auch der eigene Mut, die Neugierde und die daraus entstehende neue Kraft und Energie des gesamten Unternehmens, den Veränderungsprozess nach vorne treiben zu wollen. Typische Mentoren für das Unternehmen 4.0 sind z. B. der Digitalisierungs-Experte, der Digitalisierungs-Coach, der Industrie 4.0-Advisor, der Organisationsentwickler 4.0 oder der persönliche Coach.

Die Mechanismen der beiden Energieringe haben ihren Ursprung im Menschen und dessen individuellen Anteilen. Aus diesem Grund sind wir der Meinung, dass es wichtig ist, dem Menschen in Unternehmen und seinen Bedürfnissen im Rahmen der Digitalen Transformation mehr Raum zu geben. Am Ende ist der Mensch der entscheidende Faktor, ob und wie schnell eine Veränderung im Unternehmen nachhaltig verankert werden kann.

Station 1: Ruf

Ziel der Station „Ruf" ist es, dass sich Geschäftsleitung, Führungskräfte und Mit-arbeiter mit den neuen Technologien, agilen Organisationsmodellen und den Heraus-forderungen der Zukunft auseinandersetzen. Neben dem Aufbau von Wissen, was es an Möglichkeiten gibt, ist ein wichtiges Ergebnis ein neues Zielbild bzw. ein angepasster Unternehmenszweck. Das Zielbild sollte so formuliert sein, dass sich jeder Mitarbeiter damit identifizieren kann. So könnte beispielsweise ein Hersteller für Rollstühle sein Produktportfolio um digitale Services erweitern wollen. Seine Vision könnte dann lau-ten: „Wir sind der führende Anbieter für autonomes Leben im Alter". Einfach und damit für jeden Mitarbeiter verständlich.

Beim Ruf wird zwischen dem „extrinsischen" und dem „intrinsischen" Ruf unterschieden. Durch die Omnipräsenz der Themen Industrie 4.0, 4. Industrielle Revolution oder Digitalisierung im Allgemeinen, sowie den sich abzeichnenden Markt-veränderungen und Kundenbedürfnissen, werden Unternehmenslenker mehr oder weniger gezwungen, sich mit der Digitalen Transformation auseinanderzusetzen. Die Notwendigkeit, sich mit der Welt 4.0 zu beschäftigen, kommt also selten von innen, son-dern von außen, ein „extrinsischer Ruf".

Auf der anderen Seite gibt es jedoch auch Unternehmen, die einem „intrinsischen Ruf" folgen. Diese Unternehmen hatten den Mut, sich früh mit den Technologien 4.0 und deren Möglichkeiten zu beschäftigen. In Kombination mit agilen Organisations-modellen und Arbeitsweisen sind disruptive Geschäftsmodelle entstanden. Bekannte Beispiele für disruptive Geschäftsmodelle sind Uber (▶ www.uber.com) und Airbnb (▶ www.airbnb.com), die beide keine eigenen Vermögenswerte wie Taxis oder Hotels besitzen, sondern dem Endkunden eine Plattform zur Verfügung stellen, auf der Bedarf und Angebot zusammengeführt werden. Dadurch wurde Uber in weniger als 5 Jahren zum größten Taxi-Unternehmen dieser Welt, ohne ein einziges eigenes Taxi zu besitzen und Airbnb der größte Anbieter von Übernachtungen, ohne ein einziges eigenes Hotel zu besitzen.

Auch einige mutige mittelständische Unternehmen sind ihrem intrinsischen Ruf nach Veränderung gefolgt und haben sehr früh in neue Technologien wie das „Internet-of-Things (IoT)" und „Künstliche Intelligenz" investiert. Die Meier Tobler AG ist ein sol-ches Unternehmen. Im Jahre 2016 wurde ein erster Co-Kreations- Workshop mit den Führungskräften und externen Experten durchgeführt, um die neuen Technologien bes-ser zu verstehen und neue Ideen zur Effizienzsteigerung und neuen Geschäftsmodellen zu identifizieren. In einem iterativen Prozess mit Proof-of-Concepts, Reflexionen und folgender Umsetzung, werden heute alle Wärmepumpen mit IoT-Technologie aus-gestattet, sodass diese in der Lage sind, Echtzeit-Zustandsinformationen über eine IoT-Cloud in die Meier Tobler Zentrale zu übermitteln. Über ein Management-Cockpit werden so alle Wärmepumpen zentral überwacht. Remote-Servicetechniker, ein neues Job-Profil, das im Rahmen dieses Projektes entstanden ist, können jederzeit per Fern-wartung auf die Wärmepumpen zugreifen, erste Diagnosen machen und dem Service-techniker, der die Wärmepumpe vor Ort repariert, genau sagen, was Defekt ist und welche Ersatzteile er mitnehmen muss (Meier Tobler 2018).

Größere Unternehmen wie Schindler, ABB, Bosch, General Electrics und andere sind bereits einen Schritt weiter und haben eigene Unternehmensbereiche für die Digitalisierung aufgebaut (Schindler Digital, GE Digital, Bosch Software Innovation etc.). Siemens hat Mitte 2018 angekündigt, 500 bis 600 Mio. EUR zu investieren, um einen Zukunftscampus zu bauen, in dem ein Ecosystem aus Start-ups, Forschungs-Laboren und High-Tech-Produktionsanlagen entstehen soll.

Um effizient und mit wenig Aufwand zu den Ergebnissen der Station „Ruf" zu kommen, wurden die Methoden „Awareness für Digitalisierung" sowie „Fit für Unternehmen 4.0" entwickelt.

Station 2: Aufbruch

Wurde der Ruf, das Zielbild, der Unternehmenszweck für das Unternehmen 4.0 entwickelt, treten in der Phase „Weigerung und der Aufbruch" die ersten inneren Widerstände zutage. Führungskräfte stellen sich Fragen wie „Sollen wir wirklich?", „Woher wissen wir, dass das funktioniert?". Das führt zu Unsicherheit. Bei vielen Unternehmen können politische Spiele und Machtkämpfe beobachtet werden. Das Ergebnis ist, dass Führungskräfte und Mitarbeiter zögern, dem Ruf zu folgen, weil sie Angst und Zweifel haben oder „Pseudo"-Sicherheiten nicht aufgeben möchten. Häufig wird dann argumentiert, „Wir können ja noch warten", „So schnell wird sich das in unserer Branche eh nicht etablieren", „Der Business Case rechnet sich nicht", „Die Kosten sind zu hoch" und geht zum Tagesgeschäft über. Es laufen ja sowieso schon so viele Projekte, an denen gearbeitet werden muss und dafür stehen bereits heute schon zu wenig Ressourcen zur Verfügung. Auf der digitalen Reise liegen die ersten Steine, die aus dem Weg geräumt werden müssen. Langsam reift die Erkenntnis, dass mehr von Führungskräften und Mitarbeiter gefordert wird. In dieser Phase sollte sich die Geschäftsleitung nach einem Mentor umsehen. Der Mentor ist eine in der Regel positiv besetzte Person. Er ist das Vorbild, der Ratgeber, ein vertrauensvoller Digitalisierungs-Experte, Digitalisierungs-Coach oder sogar der Verwaltungsratspräsident/Aufsichtsratsvorsitzende, der erkannt hat, dass die Geschäftsleitung Orientierung braucht. Er hilft Ängste und Bedenken zu überwinden. Auf der digitalen Reise ist es wichtig, eine solche Vertrauensperson zu identifizieren und sich zu öffnen. Sind die ersten inneren Kämpfe gekämpft und gewonnen, folgt der Aufbruch in Richtung „Unbekannte Welt".

Die Methode „Co-Innovation" wurde entwickelt, um den Prozess der Station „Weigerung und Aufbruch" zu unterstützen.

Station 3: Erster Schwellenhüter

Gestärkt, motiviert und voll Tatendrang durch den Co-Innovation-Workshop kommen die Führungskräfte und Mitarbeiter zum Schwellenhüter der ersten Schwelle. Diese Schwelle symbolisiert den Übergang von der bekannten in die unbekannte Welt. Der Schwellenhüter stellt Führungskräfte und Mitarbeiter vor die nächste Herausforderung auf ihrer digitalen Reise. Die Herausforderung besteht darin, den Schwellenhüter davon zu überzeugen, dass sie für weitere, schwerere Prüfungen bereit und gut ausgestattet sind. Die erste Schwelle ist der nächste Kampf gegen altbekannte Gewohnheiten. Der Finanzchef beispielsweise hinterfragt den Nutzen der Digitalen Transformation. „Wollen wir das Geld für den Eintritt in die unbekannte Welt wirklich in die Hand nehmen?", „Ist das Alte nicht noch gut genug für uns?". Dies sind Fragen, die vor allem die Geschäftsleitung für sich beantworten muss. Mitarbeiter, die sich im Rahmen von Proof-of-Concepts oder Piloten auf die digitale Reise in die Welt 4.0 begeben haben, werden von Kollegen infrage gestellt, die noch in alter Struktur, mit traditionellen Vorgehensmodellen und Haltungen arbeiten sowie Technologien der Welt 3.0 nutzen. Wird die erste Schwelle überschritten, sind Führungskräfte und Mitarbeiter bereit für die Unbekannte Welt.

Der „Digital Adventure Check" gibt Orientierung beim Übergang von der unbekannten in die bekannte Welt.

Station 4: Prüfungen

In der Unbekannten Welt werden Führungskräfte und Mitarbeiter nun mit neuen und bisher nicht bekannten Situationen konfrontiert. Sie müssen immer neue Bewährungsproben bestehen, gewinnen Verbündete und begegnen Feinden. Sie erkennen, dass hier nicht nur kleine Steine, sondern große Felsbrocken auf dem Weg liegen, die zur Seite geschafft werden müssen. Da sie sich in einer unbekannten Welt befinden, sind diese Situationen den meisten nicht vertraut. Dadurch können sie auch nicht auf altes, bewährtes Denken und Handeln zurückgreifen. Sie müssen alte Muster, Regeln und Glaubenssätze über Bord werfen, um offen zu sein für das Neue. Der Mentor sowie externe Experten stehen den Führungskräften mit Ratschlägen und Unterstützung zur Seite, denn sie kennen die Unbekannte Welt bereits. Aus den Erfolgen und Niederlagen werden wertvolle Erkenntnisse gewonnen und die innere Stärke von Führungskräften und Mitarbeitern wird größer und größer. Sie lernen die Regeln der Unbekannten Welt, können diese immer routinierter anwenden und sind damit vorbereitet für die nächsten Prüfungen. In dieser Phase geht es darum, Führungskräfte und Mitarbeiter dabei zu unterstützen, sich auf die „Unbekannte Welt", die Welt 4.0 einzulassen, sie zu verstehen und sich in diese hineindenken zu können.

Konkret bedeutet dies, dass damit begonnen wird, kleine Organisations-Pilotprojekte und vorzeigbare technische Proof-of-Concepts und „Minimum Viable Products/Services" umzusetzen. Wichtig aus techno-organisatorischer Sichtweise ist, dass technologische Pilotprojekte mit organisatorischen Pilotprojekten kombiniert und integriert angegangen werden. Aus technologischer Sicht könnte dies zum Beispiel ein Prototyp im Produktionsprozess sein, wo man Sensorwerte von ein bis zwei Maschinen über das Mobilfunknetz an eine Cloud sendet, in der die Werte dann über einfache Dashboards angezeigt werden können und zwar anders als bisher, nämlich in Echtzeit. Aus organisatorischer Sicht könnte parallel beispielsweise in der Produktionsvorbereitung begonnen werden, Erfahrung mit agilen Organisationsmodellen zu sammeln. Die IT-Organisation könnte parallel mit agilen Projektvorgehensmodellen wie Scrum experimentieren. Zur Potentialentfaltung von Mitarbeitern kann ein erstes Entwicklungsprogramm aufgesetzt werden, in dem beispielsweise der achtsame Umgang unter- und miteinander vermittelt und erlebt wird. Das Unternehmen steigt in dieser Station in einen iterativen Entwicklungs- und Lernprozess sowohl aus technologischer, organisatorischer als auch menschlicher Perspektive ein und zieht daraus wichtige Erkenntnisse für die Umsetzung in größerem Maßstab.

Die Erfahrung zeigt, dass die Erfolge in diesen organisatorischen Pilotprojekten und technischen Proof-of-Concepts die Angst vor dem bisher unbekannten Thema Digitalisierung nimmt und Führungskräften sowie den beteiligten Mitarbeitern Mut macht, den nächsten Schritt in diesem iterativen Entwicklungsprozess zu gehen. Alle an den Pilotprojekten Beteiligten lernen damit umzugehen, dass es nicht auf alle Fragen eine Antwort gibt, da bisher niemand diese Frage gestellt hat. Sie lernen, das Ungewisse zu akzeptieren sowie proaktiv und selbstständig an der Lösung zu arbeiten anstatt zu warten, bis der Chef kommt und ihnen erklärt, wie es zu gehen hat.

In der Station „Prüfungen" wird die Grundlage für die „Minimum Viable Digital Strategy" gelegt.

Station 5: Elixier

Ziel dieser Station ist es, die Schlüssel-Erkenntnisse für das Unternehmen 4.0 heraus-zuschälen und damit das Elixier im Detail zu beschreiben. Auf Basis der in der Station „Prüfungen" gemachten Erfahrungen und Erkenntnisse wird die „Minimum Viable Digitale Strategy" finalisiert. Die strategischen Zielelemente werden in folgenden Dimensionen definiert:

- Geschäftsmodell
- Geschäftsprozesse
- Produkte & Service
- Data Analytics
- Organisation & Skills
- Digital Leadership

Im Mittelpunkt aller Überlegungen steht dabei der Kunde mit seinen zukünftigen Bedürfnissen. „Minimum Viable" bedeutet in diesem Kontext, dass dies nicht wie früher eine fixe Strategie für die nächsten 3–5 Jahre ist, sondern eine agile Strategie, die in regelmäßigen Abständen von 3–6 Monaten überprüft, hinterfragt und wenn nötig auf veränderte Marktbedürfnisse angepasst wird.

Die strategischen Zielelemente der Station „Elixier", das Zielbild und der Unternehmenszweck aus der Station „Ruf" sowie die definierten Proof-of-Concepts und organisatorischen Pilotprojekte aus der Station „Aufbruch" dienen als Kommunikationsbasis für das Gesamtunternehmen inklusive Aufsichtsrat, Verwaltungsrat sowie Mitarbeiter. Am Ende der Station „Elixier" werden folgende Ergebnisse erreicht sein:

- Klarheit und Transparenz bzgl. der neuen Zielelemente des Unternehmens
- Klarheit bzgl. des Nutzens für den Kunden sowie das Unternehmen
- Klarheit bzgl. der zukünftigen Haltung sowie des Menschenbilds
- Klarheit über technische sowie organisatorische Anpassungen, die notwendig sind, um das Zielbild zu erreichen

Bevor jedoch der Schritt von der Unbekannten zurück in die Bekannte Welt unternommen werden kann, müssen Führungskräfte und Mitarbeiter jedoch noch die zweite Schwelle überschreiten.

Station 6: Zweiter Schwellenhüter

Mit dem Elixier ausgestattet, gelangen Führungskräfte und Mitarbeiter nun auf ihrem Rückweg zur zweiten Schwelle. Ziel ist es, alle Erfahrungen, inneren Haltungen und Erkenntnisse aus der Unbekannten Welt, der Welt 4.0, zurück in die Bekannte Welt zu transferieren. Dabei stellen sie sich Fragen wie „Wie schaffe ich die Akzeptanz der gesamten Belegschaft für das neue Zielbild?", „Wie gehen wir mit Ängsten und Bedenken der Mitarbeiter um, die noch nicht in Pilotprojekte oder Proof-of-Concepts involviert waren?". Der Schwellenhüter der zweiten Schwelle überprüft, ob es die Führungskräfte auch wirklich ernst meinen und wissen, wie die Digitale Transformation für das Gesamtunternehmen gestaltet sein muss. Falls die Führungskräfte in der Lage sind, dem Schwellenhüter authentisch und glaubhaft zu versichern, dass sie bereit sind, lässt er sie passieren. Schwellenhüter der zweiten Schwelle könnte beispielsweise der Verwaltungsrat, der Aufsichtsrat sein oder ein Lenkungsausschuss für Digitalisierungs-Initiativen. Dieser Übergang dient der erneuten Reflexion und einer bewussten Entscheidung für die Transformation in ein Unternehmen 4.0.

3

Mit der Methode „Digital Transformation Check" und dem „Organizational Readiness Check" wird überprüft, ob das Unternehmen reif ist für die Digitale Transformation des gesamten Unternehmens.

Station 7: Transfer

Zurück in der Bekannten Welt, die sich nun für Führungskräfte und an Pilotprojekten beteiligten Mitarbeiter von der Welt 3.0 in die Welt 4.0 entwickelt hat, geht es nun darum, die erlernten Fähigkeiten und Erfahrungen, die neue innere Haltung, die neue Kraft und Energie im Unternehmensalltag zu nutzen und in die Gesamtorganisation zu integrieren. Es gilt, die „Minimum Viable Digital Strategy" in die Praxis umzusetzen.

Sie treffen dabei auf Mitarbeiter, die sich bisher keine Gedanken über die Digitalisierung, das Internet der Dinge oder das Unternehmen 4.0 gemacht haben. Nun ist das oberste Ziel vor allem der Führungskräfte, diese ebenfalls für die neue Unternehmens-Identität und das generierte Zielbild zu begeistern. Das Erlernte muss über einen strukturierten Wissenstransfer- sowie Erlebensprozess weitergegeben werden. Hierbei hilft es sehr, wenn vorzeigbare Prototypen genutzt werden können, um zu erklären, wie das Unternehmen durch Technologie 4.0, Organisation 4.0 und Mensch 4.0 fit für die zukünftigen Marktherausforderungen wird.

Mit einem dedizierten, bereichsübergreifenden techno-organisatorischen Projektteam und der Methode „Unternehmen 4.0 Journey" kann die Digitale Transformation für das gesamte Unternehmen losgehen.

Station 8: Meister zweier Welten

Meister zweier Welten können sich Führungskräfte und Mitarbeiter nennen, die es geschafft haben, Fähigkeiten und Erkenntnisse aus der Unbekannten Welt in die Bekannte Welt zu integrieren und in ihrem Alltag anzuwenden.

Sind Führungskräfte und Mitarbeiter zu „Meistern zweier Welten" herangereift, ist ihnen bewusst, dass nun ein neuer Digitaler Transformationsprozess startet, der erneut die Stationen des *Kompass für das Unternehmen 4.0* durchläuft. Sie können sich selbst zum Mentor für andere Führungskräfte und Mitarbeiter entwickeln. Sie können ihre Erfolge teilen, ihre Erfahrungen weitergeben, andere inspirieren oder im Sinne der Digitalen Transformation Vorbild sein.

Eine hilfreiche Methode zur Verankerung des Erlernten im Tagesgeschäft sowie zur Auflösung von Spannungen und Konflikten ist die Methode „Reflect and Learn".

Start des nächsten Veränderungszyklus

Mit dem nächsten Veränderungszyklus auf der digitalen Reise werden folgende Ergebnisse erreicht:

- Der Wandel von der Welt 3.0 in die Welt 4.0 ist für das Gesamtunternehmen eingeleitet
- Der Kompass wird in allen Veränderungsvorhaben benutzt
- Technologie 4.0 wird genutzt, um die Unternehmens-Performance zu steigern
- Organisation 4.0 wird iterativ in allen Unternehmensbereichen gelebt
- Mitarbeiter identifizieren sich mit Zielbild und Unternehmenszweck
- Mitarbeiter übernehmen Verantwortung für sich und ihre Rollen
- Selbstorganisation ist in der Unternehmens-DNA verankert
- Führungskräfte agieren als Coach und Prozessbegleiter

3.3 Methoden für die Anwendung

Die in diesem Kapitel beschriebenen Methoden und Interventionen dienen dazu, Unternehmen und Teams oder auch einzelne Personen dabei zu unterstützen, effizient von der aktuellen zur nächsten Station zu gelangen.

Alle Methoden und Interventionen wurden unter Berücksichtigung von Erkenntnissen aus der Hirnforschung entwickelt. Dies bedeutet, dass versucht wird, nicht nur kognitives Wissen zu vermitteln, sondern ebenfalls die emotionalen Hirnbereiche zu aktivieren. Ebenfalls zur Anwendung kommen co-kreative Workshop Set-ups, Design Thinking Ansätze, Gamification sowie die Philosophien „Minimum Viable Digital Strategy" oder „Minimum Viable Product". Die Beschreibung all unserer Methoden würde den Rahmen dieses Buches sprengen. Aus diesem Grund wird für jede Station eine Methode im Detail beschrieben.

- **Ausgewählte Methoden im Detail erklärt**

Für die Station „Ruf": Vision Unternehmen 4.0
Ziel dieser Methode ist es, Führungskräfte und Mitarbeiter für den Ruf zu sensibilisieren und Neugierde auf die kommenden Veränderungen zu machen. Im Kontext Unternehmen 4.0 können durch Anwendung dieser Methode folgende Ziele erreicht werden:

- Sensibilisierung von Führungskräften durch Beispiele erfolgreich umgesetzter Unternehmen 4.0 Projekte (Inspiration)
- Erkennen technischer sowie organisatorischer Auswirkungen durch Beleuchtung unterschiedlicher Perspektiven
- Generierung von Neugierde und Lust auf das Neue
- Commitment für den gemeinsamen Ruf

Bei dieser Methode handelt es sich um eine Kombination aus Wissensvermittlung und Erleben durch das Arbeiten mit unterschiedlichen Interventionen. Die Vorgehensweise wird anhand eines konkreten Industrie 4.0 Beispiels vorgestellt, kann jedoch mit geändertem Fachinhalt (Handel 4.0, Energie 4.0, Gebäude 4.0, Krankenhaus 4.0 etc.) für alle Branchen angewendet werden.

In diesem Beispiel ging es darum, in einem 3-tägigen Co-Kreations-Workshop mit der gesamten Geschäftsleitung eine neue Vision, das zugehörige Zielbild sowie den Unternehmenszweck zu erarbeiten. Das angestrebte Ziel sowie die detaillierte Agenda wurde in einem kleinen Kreis (CEO, CFO, Werkleiter, Serviceleiter, Personalleiterin) entwickelt:

- *Schritt 1: Erklärung „Was ist ein Unternehmen 4.0?" mithilfe konkreter Beispiele*
  In diesem Schritt wurde mittels eines Impulsreferats durch einen Industrie 4.0 Experten aufgezeigt, was hinter dem Konzept Industrie 4.0 aus technologischer und organisatorischer Sicht steckt und wie Firmen bereits erfolgreich Industrie 4.0-Projekte umgesetzt haben
- *Schritt 2: Verankern des Wissens mit dem „Digital-Game"*
  Nun wurde das Gehörte aus dem Impulsvortrag spielerisch verankert. Das „Digital-Game" funktioniert wie folgt:

3

Teams - Es werden Teams von je 2 oder 3 Personen gebildet
Aufgabe - Wählen Sie eines der Produkte auf den Bildkarten aus, das Sie „smarter" machen möchten. Stellen Sie sich vor, Sie sind der Hersteller und Ihr Produkt wäre intelligent. Es könnte Umgebungsinformationen sammeln, analysieren und auswerten sowie mit Ihnen und Ihren Kunden kommunizieren. Entwickeln Sie ein smartes Produkt, das Ihren Kunden und Ihrem Unternehmen einen Mehrwert bietet
Ablauf - 1. Ideation: 10–15 min
        2. Präsentation: 3 min pro Team (Elevator Pitch)
        3. Diskussion: 10–20 min
Diskussion - Welche Fragen haben Sie? Welche Herausforderungen haben Sie? Wie kommen Sie an die Daten?

Mit dem Impulsvortrag sowie dem „Digital-Game" wurde die Grundlage gelegt und alle Teilnehmer hatten einen ähnlichen Wissensstand bezüglich Industrie 4.0.

— *Schritt 3: Erfolgsfaktoren identifizieren mit „Future Lab"*
Mit der Methode „Future Lab" wurde das Geschäftsleitungsteam durch einen Prozess geführt mit dem Ziel, zukünftige Anforderungen von unterschiedlichen Stakeholder-Gruppen zu verstehen und daraus Erfolgsfaktoren abzuleiten. Die technischen, organisatorischen und menschlichen Erfolgsfaktoren wurden priorisiert und daraus abgeleitete Aktivitäten auf einer Digitale Transformations-Roadmap eingeplant. Basis für diesen Schritt waren die in ◘ Abb. 3.3 dargestellten unterschiedlichen Zukunftsperspektiven, in das Geschäftsleitungsteam während dieses Prozesses eingetaucht ist. Dabei war wichtig zu verstehen, dass es nicht darum geht, den Status-Quo zu dokumentieren, sondern in den Erlebnisräumen lösungsorientiert in die Zukunft zu schauen:

Runde 1: Zoom out – Blick von außen
Das Geschäftsleitungsteam wurde in zwei Gruppen aufgeteilt. Gruppe 1 hat die Perspektive Kunde/Markt bearbeitet, Gruppe 2 die Perspektive Wettbewerber/Partner.

Raum 1: Zoom out	**Blick von außen** • Wir gehen heraus aus dem Kontext unseres Alltags. • Was sind die Anforderungen von außen an uns? • Was sind unsere Erfolgsfaktoren der Zukunft?
Raum 2: Zoom in	**Blick nach innen** • Wir versetzen uns in unterschiedliche Stakeholder. • Was sind die Anforderungen von innen an uns? • Struktur/Mindset/Skills – wo haben wir Lücken?
Raum 3: Zoom forward	**Blick aus der Zukunft** • Wir stellen uns vor, wir sind bereits in der Zukunft. • Wie sind wir die Transformation angegangen? • Was waren die Erfolgsfaktoren der digitalen Transformation?

◘ **Abb. 3.3**   Future Lab – Perspektiven der 3 Erlebnisräume

Die Gruppen wurden in einen vorbereiteten Erlebnisraum geführt. In jedem Erlebnisraum lagen Bildkarten auf dem Boden aus. Die Aufgabe war nun wie folgt:

Jeder Teilnehmer beamt sich zwei bis drei Jahre in die Zukunft. Nun sucht sich jeder für die Perspektive Kunde/Markt bzw. Wettbewerber/Partner ein Bild aus, welches für ihn die gewünschte Situation in zwei bis drei Jahren darstellt.

Die ausgewählten Bilder wurden auf ein A3-Blatt geklebt und im Raum ausgelegt. Die Teilnehmer hatten 15 min Zeit, um für jedes Bild ihre persönlichen positiven Assoziationen auf die Blätter mit den Bildern zu schreiben. Nachdem alle Bilder mit positiven Assoziationen versehen waren, hatte die Gruppe 30 min Zeit, um daraus Erfolgsfaktoren für die Technologie, die Organisationsstruktur sowie Skills und Haltung der Mitarbeiter herauszuarbeiten. Diese wurden auf vorbereiteten Flip-Charts dokumentiert.

Runde 2: Zoom in – Blick nach innen
Das Geschäftsleitungsteam wurde in gleich große Gruppen aufgeteilt. In jeder Gruppe wurden ein bis zwei nach innen gerichtete Perspektiven beleuchtet. Auch hier galt das Prinzip der Lösungsorientierung. Folgende Perspektiven haben sich bewährt:
- Gruppenvorstand/Geschäftsleitung
- Manager/Mitarbeiter
- Fachbereiche mit enger Zusammenarbeit

Die Teams wurden wiederum auf drei Erlebnisräume verteilt und hatten in 20 min folgende Aufgabe zu bearbeiten:
- Anforderungen der Stakeholdergruppen diskutieren und notieren
- Technische und organisatorisch strukturelle Erfolgsfaktoren definieren, welche die Anforderungen erfüllen
- Erfolgsfaktoren an zukünftige Skills und Haltung von Mitarbeitern definieren, welche notwendig sind, die Anforderungen zu erfüllen

Die Ergebnisse wurden auf vorbereiteten Flip-Charts dokumentiert. Nach 20 min wechselten die Gruppen die Erlebnisräume, sodass nach 60 min alle Gruppen in allen Erlebnisräumen die Aufgabe bearbeitet hatten. Somit bekam die Geschäftsleitung ein konsolidiertes Bild über die zukünftigen Erfolgsfaktoren bezüglich Technik, Organisationsstruktur sowie Haltung und Skills von Mitarbeitern.

Runde 3: Zoom forward – Zukunftsinterview
Der CEO wurde von einem Moderator interviewt. Die restlichen Geschäftsleitungsmitglieder hörten zu. Dabei saß der CEO auf einem Stuhl mit dem Gesicht zur Gruppe. Ein leerer Stuhl stand neben dem Stuhl des CEO. Der Moderator hat im ersten Schritt den CEO aufgefordert, sich mental in das Jahr 2022 zu versetzen. Der Moderator hat den CEO befragt z. B. danach, wie denn in 2022 das Unternehmen sowie das Umfeld des Unternehmens aussieht. Der CEO hat dies aus seiner persönlichen Sicht beschrieben. Die zweite Frage war, wie denn die Digitale Transformation erreicht wurde und was die Erfolgsfaktoren und Erkenntnisse waren. Nach ca.
15 min wurde der leere Stuhl freigegeben für Geschäftsleitungsmitglieder. Jeder hatte nun die Gelegenheit, sich auf den leeren Stuhl zu setzen und eine Zukunftsfrage an den CEO zu stellen. Von diesem Zukunftsinterview wurde durch einen vorher bestimmten Protokollar ein Flip-Chart mit Erfolgsfaktoren für die Dimensionen Technik, Organisationsstruktur sowie Haltung und Skills von Mitarbeitern erstellt.

3

Runde 4: Reflexion und Konsolidierung
Im Plenum wurden die erarbeiteten Ergebnisse aller drei Perspektiven reflektiert und diskutiert. Allfällige Verständnisfragen wurden gestellt und diskutiert. Nach ca. 20 min Reflexion bekam jeder Teilnehmer fünf Klebepunkte. Ziel dieser Runde war die Identifikation der wichtigsten Erfolgsfaktoren pro Perspektive, an denen im Rahmen der Digitalen Transformation gearbeitet werden sollte. Dann wurden die Erfolgsfaktoren auf eine realistische Zeitachse gelegt. Somit hatte das Geschäftsleitungsteam als Ergebnis eine konsolidierte Digitale Transformations-Roadmap erstellt, auf Basis derer nächste konkrete Schritte, Proof-of-Concepts oder Piloten geplant werden konnten.

- Schritt 4: Visueller Anker für die Organisation
Im letzten Schritt wurde das Erarbeitete dadurch verankert, dass die Geschäftsleitung die Aufgabe bekam, ein gemeinsames Bild zu malen, welches ihr Verständnis der Ergebnisse des Workshops darstellt. Das Team hatte dazu 90 min Zeit. Es bekam ein 2×3 Meter großes weißes Blatt sowie unterschiedliche Stifte (Buntmalstifte, Wachsmalstifte, Filzmalstifte etc.). Dieses Bild wurde nach dem Workshop im Büro an einer zentralen Stelle aufgehängt.

Die Methode „Fit für Unternehmen 4.0" kann in unterschiedlichen Set-ups angewendet werden. Dabei kann z. B. nur das Thema Technologie oder nur die Themen Organisation und Mensch oder alle drei Perspektiven gemeinsam bearbeitet werden. Die Methode kann sowohl auf Geschäftsleitungsebene als auch auf Teamebene genutzt werden. In der Regel wird sie in einem zwei- bis dreitägigen Offsite-Workshop abseits der Arbeitsroutine durchgeführt. Der genaue Inhalt und die Zeitplanung wird jeweils an die Anforderungen des Unternehmens oder des Teams im Unternehmen angepasst.

Für die Station „Aufbruch und Weigerung": Co-Innovation
Neben der Zuhilfenahme eines Mentors hat sich die Methode Co-Innovation zur Überwindung der oben beschriebenen Ängste und Zweifel bewährt. Diese Methode baut die Brücke zwischen Technologie, Organisation und Mensch und hat auf der einen Seite das Ziel, Führungskräfte sowie Wissensträger in Unternehmen im Rahmen eines Co-Innovation-Workshops zu kreativer Arbeit anzuregen. Auf der anderen Seite wird damit Vertrauen in die Möglichkeiten der Welt 4.0 aufgebaut. Ergebnis des Co-Innovation-Workshops ist die Generierung von Ideen für neue Geschäftsmodelle, Prozessoptimierungen oder verbesserte Kundenerlebnissen, die auf Technologien 4.0 wie dem Internet-of-Things (IoT), Künstlicher Intelligenz oder Blockchain beruhen. Parallel wird jedoch immer darauf geachtet, welche notwendigen organisatorischen Maßnahmen ergriffen werden müssen, um den größtmöglichen Nutzen für das Unternehmen zu generieren.

Der Co-Innovation-Workshop ist nach Design-Thinking-Prinzipien konzipiert, startet mit der Perspektive „People" und generiert somit echte „Experience Innovationen", mit denen sich Unternehmen von ihrer Konkurrenz differenzieren können (vgl. ◘ Abb. 3.4).

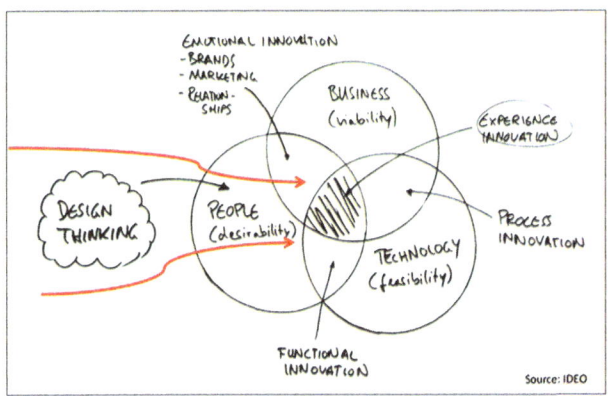

Abb. 3.4 Experience Innovation mit Design Thinking-Prinzipien. (IDEO 2015)

Experten aufseiten des Dienstleisters (Technologie- sowie Organisationsexperten) erarbeiten in diesem Set-up gemeinsam mit Führungskräften und Wissensträgern des Unternehmens die Ergebnisse.

– Schritt 1: Verstehen der Ausgangslage
Der erste Schritt wird mit den Initiatoren des Co-Innovation-Workshops – in der Regel die Geschäftsleitung – durchgeführt. Es geht darum, die Marktdynamik und die Herausforderungen des Unternehmens und deren Kunden zu verstehen. Dies bildet die Basis und den Rahmen für den Co-Innovation-Prozess. Im Kontext von Industrie 4.0 beispielsweise muss geklärt werden, ob sich das Unternehmen zunächst mit der Einführung von Technologien 4.0 für die von ihnen produzierten Produkte beschäftigen möchte (Smart Product) oder den Fokus auf die Veränderung des Produktionsprozesses nach Industrie 4.0 Prinzipien legt (Smart Factory). Ergebnis des ersten Schrittes ist das gemeinsame Verständnis, die detaillierte Agenda sowie das definierte gemeinsame Ziel des Workshops. Dabei kommt es vor, dass bei manchen Unternehmen der Schwerpunkt mehr auf Technologien 4.0 liegt und bei anderen mehr auf organisatorischen und menschlichen Auswirkungen. Wichtig ist, dass immer alle 3 Perspektiven der Digitalen Transformation betrachtet werden.

– Schritt 2: Workshop – Ideation
Hat das Unternehmen bereits den Ruf mit Hilfe der „Fit für Unternehmen 4.0" definiert, startet der Workshop mit dem sogenannten Ideation-Teil. Falls das Unternehmen den Ruf nicht mit der Methode „Fit für Unternehmen 4.0" entwickelt hat, hat es sich bewährt, vor dem Ideation-Teil ein Impulsreferat zum Thema Unternehmen 4.0 zu machen, sodass alle Teilnehmer die gleiche Wissensbasis haben. Bei einem Unternehmen aus der Kabelindustrie beispielsweise wurde festgelegt, dass der Fokus auf der Generierung von Ideen für die gesamte Wertschöpfungskette liegen soll. Für den Ideation-Teil wurde gemeinsam die Wertschöpfungskette des Unternehmens auf ein Brownpaper gezeichnet. Wichtig ist, dass die Wertschöpfungskette spezifisch auf die Industrie angepasst sein muss, aus der der Kunde kommt (Pharma/Chemie, Maschinen- und Anlagenbau, Lebensmittelproduktion, Kabel etc.), sodass sich die Geschäftsleitung und Wissensträger im Prozess wiederfinden. Nun bekommen die Teilnehmer Zeit, ihre Ideen pro Prozess auf Klebezettel zu schreiben und diese auf das Brownpaper zu kleben. Dabei ist es erlaubt, zu „spinnen" und auch aus heutiger Sicht unmögliche Ideen auf die Klebezettel zu schreiben.

Die Teilnehmer werden vom Moderator motiviert, in Ecosystemen zu denken und gedanklich nicht nur im eigenen „Garten" zu verweilen (wie im Theorieteil beschrieben, wird sich die Wertschöpfungskette eines Unternehmens in Zukunft zu einem Wertschöpfungsnetzwerk eines gesamten Ecosystems von mehreren Unternehmen entwickeln). Am Ende des Ideation-Teils werden die Ideen konsolidiert und priorisiert. Die Priorisierung erfolgt auf Basis des qualitativen Nutzens der Ideen. Das Ergebnis sind drei bis fünf Ideen, die weiterverfolgt werden sollen.

– Schritt 3: Workshop – Konkretisierung der Ideen und Identifikation der organisatorischen Auswirkungen
Die Konkretisierung der Ideen ist ein dreistufiger Prozess. Handelt es sich um einen Prozess in Richtung des Marktes und der Kunden, wird für jede der drei bis fünf Ideen eine sogenannte „Kunden-Erlebniskette" entwickelt, bei der der IST- sowie SOLL-Prozess des Kundenerlebnisses aufgezeichnet wird und für jeden Schritt die Emotionen der Kunden eingeschätzt werden. Dazu werden Gruppen gebildet, sodass jede Gruppe an einer Idee arbeitet. Als Vorlage bekommt jede Gruppe das in ◨ Abb. 3.5 dargestellte Plakat.
Aufgrund der emotionalen Kurve entlang der Erlebniskette erkennt man sehr einfach, bei welchen Prozessschritten im Wertschöpfungsprozess eingegriffen werden sollte. Nämlich genau da, wo beim Kunden eher negative Emotionen entstehen durch z. B. schlechte Arbeitsqualität oder Unzufriedenheit.
Zur Konkretisierung sowohl der technologischen als auch der organisatorischen Anpassungen wird die Methode NABC (Need-Approach-Benefit-Concern) (Stanford Research Institute 2006) benutzt, mit der die notwendigen Pilotprojekte und Proof-of-Concepts so detailliert wie möglich beschrieben werden. Dazu bekommt jede Gruppe zwei Flip-Charts, welche in vier gleiche Teile gegliedert sind, auf der sie für jede Idee die folgenden Fragen beantworten sollen:

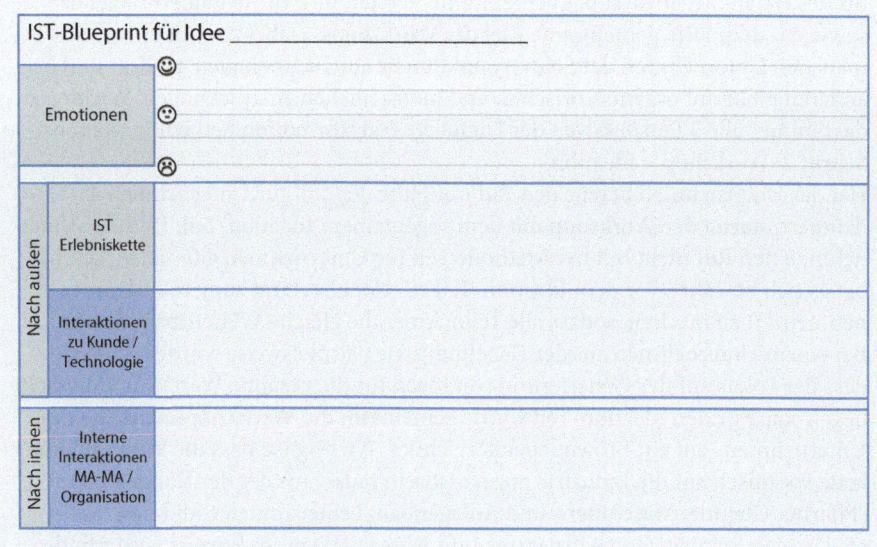

◨ **Abb. 3.5**   Vorlage IST-Kunden-Erlebniskette für Ideen

— Wozu müssen wir etwas ändern (Need)?
— Was müssen wir ändern und wie (Approach)?
— Was ist der Nutzen dieser Veränderung (Benefit)?
— Was sind die Bedenken, die in der Organisation kommen könnten (Concern)?

Auf dem 1. Flip-Chart werden die technologischen Anpassungen beschrieben und auf dem 2. Flip-Chart die organisatorischen und menschlichen.

Die Führungskräfte können diese detailliert beschriebenen Ideen als Basis nutzen, um die Umsetzung von technologischen oder organisatorischen Proof-of-Concepts oder Piloten z. B. zur Einführung von agilen Projektmethoden wie Scrum in Auftrag zu geben.

Die Dauer des Co-Innovation-Workshops hängt von der Ausgangslage des Unternehmens sowie dem gewünschten Detaillierungsgrad der Ergebnisse ab. In der Regel kann dies in einem zwei- bis dreitägigen Workshop erarbeitet werden. Die maximale Anzahl Teilnehmern liegt bei ca. 15 Personen.

Für die Station „Prüfung": Minimum Viable Digital Strategy
Wichtig in dieser Phase der Prüfungen ist es, die Erkenntnisse und Lösungsstrategien, welche bei der Bearbeitung der Pilotprojekte und Proof-of-Concepts gemacht werden, systematisch zu reflektieren sowie zu dokumentieren. Dabei werden technologische, organisatorische, menschliche aber auch strategische Erkenntnisse gemeinsam diskutiert und dokumentiert, sodass eine integrative Gesamtsicht auf das Unternehmen 4.0 entsteht.

Die Struktur für die Dokumentation der Ergebnisse zeigt der morphologische Kasten in ◨ Abb. 3.6, wobei empfohlen wird, diesen an die jeweilige Industrie sowie Ausgangssituation des Unternehmens anzupassen.

Geschäfts-modell	Geschäfts-prozesse	Produkte & Services	Data Analytics	Organisation & Skills	Digital Leadership
Traditionelles Modell	Traditionelle Prozess-Architektur, manuelle Interaktion	Produkte mit klassischen Services	Selektive Nutzung von Analytics Tool für Reports	Traditionell, hierarchisch, funktional	Hierarchischer & autoritärer Führungsstil (Theorie X Menschenbild)
Produkte sind digitalisiert	Einzelne digitale Tools in bestimmten Prozessberei-chen	Produkte mit digitalen Services	Nutzung von Big Data Analytics Tools für interne Daten	Digitalisierungs-Programm / Projekte innerhalb traditioneller Organisation	Offene Kommunikation, Feedback-Kultur, Team-fokussierte Führung
Wertschöpfung ist digitalisiert	Digitalisierte Prozesse mit einzelnen manuellen Interaktionen	Produkte mit digitalen Features	Nutzung von Big Data Analytics Tools für interne und externe Daten	Einzelne «Digital Hubs» innerhalb traditioneller Organisation	Fähigkeit, den Sinn zu vermitteln, virtuelle Teams zu führen und für Veränderungen zu ermutigen (Theorie Y Menschenbild)
Revenue-Modell ist digitalisiert (pay-per-use)	Digitalisierte Prozesse und Nutzung von IoT-Echtzeit-Informationen	Cyber-physikalisches Produkt mit Fokus auf Customer Experience	Nutzung von Big Data Analytics Tools für Echtzeitdaten aus dem Ecosystem	Agile, dynamikrobuste, auf Kunden ausgerichtete, sich selbst steuernde Organisation	Mitarbeiter agieren und entscheiden selbstständig, Intrapreneurship

◨ **Abb. 3.6** Morphologischer Kasten für die „Minimum Viable Digital Strategy"

3

Mit der strukturierten Dokumentation ist die Initiierung der „Minimum Viable Digital Strategy" durchgeführt. Die Ausarbeitung folgt in der Station „Elixier".

Für die Station „Elixier": Minimum Viable Digital Strategy

Eine „Minimum Viable Digital Strategy" hat die Eigenschaft, dass sie mit geringem Aufwand in nur wenigen „Digital Strategy Sprints" im Kreise von Geschäftsleitung, Führungskräften und ausgewählten Wissensträgern des Unternehmens erarbeitet werden kann. Sie ist nicht in Stein gemeißelt, sondern für die momentane Herausforderung des Unternehmens passend. Sie ist offen und flexibel genug, sodass jederzeit Anpassungen vorgenommen werden können. Es wird empfohlen, für die Entwicklung eine agile Vorgehensweise wie Scrum zu nutzen. Der finale Schritt im Prozess zur „Minimum Viable Digital Strategy" ist es, die konkreten Zielelemente für das Unternehmen zu definieren. Hier ist es wichtig, dass die Führungskräfte sich auf realistische, erreichbare und an die Mitarbeiter erklärbare Zielelemente einigen. Das Ergebnis könnte dann wie in ◘ Abb. 3.7 dargestellt aussehen.

Wie in ◘ Abb. 3.7 ersichtlich, haben sich Geschäftsleitung und Führungskräfte in diesem Beispiel dafür entschieden, ihr Revenue-Modell zu digitalisieren, digitalisierte Prozesse mit einzelnen manuellen Interaktionen zuzulassen, ihre Produkte & Services komplett auf die Customer-Experience auszurichten, Big Data Analytics für interne und externe Daten zu nutzen, keine separate Digitale Organisation zu bauen, sondern die Digitalisierung als Programm zu führen sowie eine digitale Haltung zu etablieren mit der Fähigkeit, Visionen zu kommunizieren, virtuelle Teams zu führen und für Veränderungen zu ermutigen.

Geschäfts-modell	Geschäfts-prozesse	Produkte & Services	Data Analytics	Organisation & Skills	Digital Leadership
Traditionelles Modell	Traditionelle Prozess-Architektur, manuelle Interaktion	Produkte mit klassischen Services	Selektive Nutzung von Analytics Tool für Reports	Traditionell, hierarchisch, funktional	Hierarchischer & autoritärer Führungsstil (Theorie X Menschenbild)
Produkte sind digitalisiert	Einzelne digitale Tools in bestimmten Prozessbereichen	Produkte mit digitalen Services	Nutzung von Big Data Analytics Tools für interne Daten	Digitalisierungs-Programm / Projekte innerhalb traditioneller Organisation	Offene Kommunikation, Feedback-Kultur, Team-fokussierte Führung
Wertschöpfung ist digitalisiert	Digitalisierte Prozesse mit einzelnen manuellen Interaktionen	Produkte mit digitalen Features	Nutzung von Big Data Analytics Tools für interne und externe Daten	Einzelne «Digital Hubs» innerhalb traditioneller Organisation	Fähigkeit, die Vision zu kommunizieren, virtuelle Teams zu führen und für Veränderungen zu ermutigen (Theorie Y Menschenbild)
Revenue-Modell ist digitalisiert (pay-per-use)	Digitalisierte Prozesse und Nutzung von IoT-Echtzeit-Informationen	Cyber-physikalisches Produkt mit Fokus auf Customer Experience	Nutzung von Big Data Analytics Tools für Echtzeitdaten aus dem Ecosystem	Agile, dynamikrobuste, auf Kunden ausgerichtete, sich selbst steuernde Organisation	Mitarbeiter agieren und entscheiden selbständig

◘ **Abb. 3.7**   Strategisches Zielbild für die Digitale Transformation

In der Station „Das Elixier" wurden folgende Ergebnisse erzielt:

- Klarheit und Transparenz bzgl. der neuen Zielelemente des Unternehmens
- Klarheit bzgl. des Nutzens für den Kunden sowie das Unternehmen
- Klarheit bzgl. der zukünftigen Haltung sowie des Menschenbilds
- Klarheit über technische sowie organisatorische Anpassungen, die notwendig sind, um das Zielbild zu erreichen

Für die Station „Transfer": Unternehmen 4.0 Journey
Mit der Station „Transfer" startet der Digitale Transformationsprozess für die Gesamtorganisation. Aus der „Minimum Viable Digital Strategy" müssen jetzt konkrete Umsetzungs-Projekte definiert und eine „Unternehmen 4.0 Journey" entwickelt werden. Budgets müssen definiert und freigegeben werden. In mittelständischen Unternehmen hat sich bewährt, dass ein techno-organisatorisches Digitalisierungsteam „Unternehmen 4.0" ins Leben gerufen wird, welches die Planung und Koordination aller Projekte im Kontext Unternehmen 4.0 übernimmt. Das Digitalisierungsteam sowie die Projekte werden mit komplementärem und integrativem Wissen ausgestattet. Dazu gehört Wissen aus den Bereichen IT, Business (Produktion, Logistik, Finanzen etc.), Wertschöpfungsprozesse, Organisationsentwicklung, Industrie 4.0 sowie Veränderungs-Befähigung. Die Projekte selbst werden nach einer agilen Projektmethode wie z. B. Scrum abgewickelt.

Für die Station „Meister zweier Welten": Reflect and Learn
Durch die Etablierung von Supervisions- oder Intervisionsgruppen in Unternehmen werden Führungskräfte sowie Mitarbeiter in die Lage versetzt zu erkennen, wenn das Unternehmen ein neuer Ruf erreicht. Durch die Methode *Kompass für das Unternehmen 4.0* fällt es ihnen leicht, die digitale Transformationsreise immer und immer wieder zu durchleben, um mit neuen Erkenntnissen und Impulsen von der unbekannten in die bekannte Welt zurückzukehren. Durch regelmäßigen Austausch und Reflexion erkennen sie ebenfalls, wenn die Gefahr besteht, wieder in alte Muster zurückzufallen und alten Glaubenssätzen zu erliegen. Durch diese Fähigkeit reift der Meister zweier Welten zu einer zufriedenen, ausgeglichenen und erfolgreichen Führungskraft im Zeitalter von Industrie 4.0 und Unternehmen 4.0, die in der Lage ist, ihr gesamtes Unternehmen „Fit für Unternehmen 4.0" zu machen. Mitarbeiter nutzen die gemeinsame Sprache vom Kompass, um sich über Veränderungen auszutauschen. Ihre Ängste werden verringert und damit werden sie Schritt für Schritt offener für zukünftig kommende Veränderungen. Zudem gibt „Reflect and Learn" Unternehmen den notwendigen Rahmen für das lebenslange persönliche Lernen. Dabei werden sowohl organisatorische Themen, als auch persönliche Themen regelmäßig reflektiert. Für die Durchführung von Supervisions- oder Intervisions-Treffen hat sich folgendes Vorgehen bewährt (in Anlehnung an Schulz von Thun 2016):

- **Schritt 1: Formulierung des Anliegens (10 min)**

Ein Teilnehmer der Supervision wird eingeladen, sein Anliegen nach dem folgenden Arbeitsschema aufzubereiten. Das Schema (vgl. ■ Abb. 3.8) besteht aus vier Feldern und einem Dach, welches den Titel des Anliegens enthält.

Im Feld „Anliegen" wird das Thema kurz und prägnant formuliert. Zusätzlich zum Text ist es hilfreich, eine kleine Abbildung des Bildes zu zeichnen, das dem Teilnehmer gerade in den Kopf kommt.

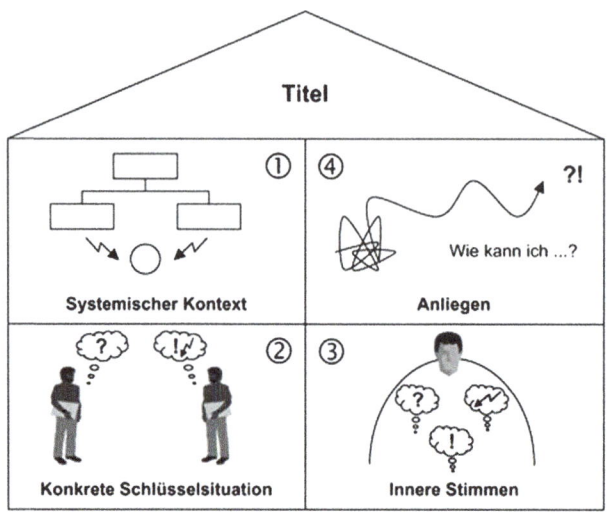

◘ Abb. 3.8   Thomann-Schema zur Vorklärung des Anliegens. (Schulz von Thun 2016)

Beispiel: Eine Führungskraft hat zwei Mitarbeiter im Team, die regelmäßig aneinandergeraten und gehässig werden. Seine Frage lautet: „Wie kann ich beide gemäß ihren Eigenschaften und Fähigkeiten einsetzen, ohne dass sich einer der beiden bevorzugt oder benachteiligt fühlt?"

Das Feld „Systemischer Kontext" dient dazu, den strukturellen Hintergrund des Anliegens zu verstehen. Hier ist es ebenfalls hilfreich, eine kleine Zeichnung anzufertigen, aus der hervorgeht, wie die involvierten Menschen hierarchisch/funktional/historisch miteinander verknüpft sind. Auch soll die eigene Rolle und Stellung im System sichtbar sein.

Das Feld „Konkrete Schlüsselsituation" ist reserviert für eine konkrete Schlüsselsituation, an die sich der Beteiligte erinnern kann (oder die er sich vorstellt, sofern das Anliegen sich auf eine zukünftig zu bewältigende Situation bezieht). Es soll eine Szene dargestellt werden, in der das Problem exemplarisch erlebbar geworden ist.

Im oben genannten Beispiel steht die Führungskraft zwischen den beiden Mitarbeitern, die sich gegenseitig beschuldigen bzw. sich bei ihm beschweren. Der eine sagt: „Ich werde nicht informiert!". Der andere sagt: „Du spionierst mir nach!".

Im Feld „Innere Stimmen" wird die innere Situation des Vortragenden dargestellt. Was geht in ihm vor, wenn er sein Anliegen betrachtet oder wenn er in der Praxis davon tangiert wird? Welche Gedanken, Gefühle, inneren Stimmen regen sich in ihm? Hier wird der Vortragende eingeladen, sich selbst mit einem großen dicken Bauch zu zeichnen, sodass er in den Bauch hinein seine innere Konstellation hineinzeichnen kann. Falls in der Gruppe die Modellvorstellung des „Inneren Team" (Schulz von Thun 2016) nicht bekannt ist, besteht die Möglichkeit, die Beteiligten der Supervision anhand eines konkreten Beispiels bekannt zu machen.

Im Beispiel ist die Führungskraft hin- und hergerissen zwischen der Sorge um Herrn A und seinem schlechten Gewissen ihm gegenüber und seinem Gefühl der Abhängigkeit gegenüber der tüchtigen Frau B.

Das Dach über dem Vier-Felder-Schema ist für eine treffende Überschrift reserviert: Wenn ein Journalist über diese Geschichte schreiben würde, welche Überschrift könnte er wählen, sodass der Kern des Ganzen getroffen wird? Der Vortragende im Beispiel wählt: „Dreiecksbeziehung im Team."

Wurde das Anliegen mit dem Thomann-Schema beschrieben, folgen die nächsten Schritte:

- **Schritt 2: Verständnisfragen (10 min)**

Die Supervisionsgruppe hat nun die Gelegenheit, wichtige Verständnisfragen zu stellen, welche der Fallbringer knapp beantwortet. Keine Diskussion!

- **Schritt 3: Gedanken und Gefühle (15 min)**

Die Gruppenmitglieder beschreiben, was ihnen an der Situationsdarstellung aufgefallen ist, welche Gefühle und Gedanken ausgelöst wurden und welche inneren Bilder in ihnen angeregt wurden. Keine Ratschläge und keine Lösung!

- **Schritt 4: Stellungnahme (5 min)**

Der Vortragende nimmt kurz Stellung zu den genannten und diskutieren Aspekten. Er teilt mit, was ihn angesprochen hat, was für ihn interessant, neu oder unbrauchbar war.

- **Schritt 5: Lösungsmöglichkeiten (15 min)**

Auf Basis der vorangegangenen Stellungnahme des Vortragenden schildern die Gruppenmitglieder Ideen und Lösungsmöglichkeiten. Diese werden mit Hilfe von Flip-Charts und Klebezettel visualisiert.

- **Schritt 6: Feedback an die Gruppe (5 min)**

Abschließend teilt der Vortragende mit, was er von der Situationsbesprechung und den Lösungsvorschlägen mitnimmt und welche Konsequenzen er daraus für die Praxis zieht und konkret umsetzen möchte.

Für den grünen Energiering: Social Reflecting Matrix

Die Social Reflecting Matrix ist ein innovatives Workshop Format, das wir gemeinsam mit Moritz Senarclens de Grancy (▶ www.grancy.eu) auf Basis der Social Dreaming Matrix (▶ www.socialdreaming.com) entwickelt haben. Im ersten Teil treffen sich die Teilnehmer in einem Raum mit ungeordneter Bestuhlung. Ein Host eröffnet die Matrix, und die Teilnehmer haben nun die Möglichkeit, ihre Gedanken frei mitzuteilen. Das freie Sprechen ermöglicht es ihnen, ihr vorhandenes Wissen und ihre Kreativität auf ungewöhnliche Art und Weise einzubringen. Sie bekommen Raum, öffnen sich und erleben sich als selbstwirksam. Im Anschluss findet ein Learning Dialog statt, indem die Inspirationen, Fantasien und Einfälle ausgetauscht werden sowie der Transfer in die Praxis diskutiert wird. Durch die aktive Partizipation, das Erleben verschiedener Bewusstseinsebenen und das Entdecken neuen Wissens entwickeln sich sowohl die einzelnen Individuen, als auch die Teams. Damit bietet die Social Reflecting Matrix eine einzigartige Chance der kreativen Selbst-Entwicklung von Unternehmen in Veränderungsprozessen.

Die Matrix kann an jeder Station und für alle arbeitsbezogenen Themen bzw. Fragestellungen genutzt werden, wo eine Erweiterung des Blickwinkels gewünscht wird. Hier einige Beispiele:

3

- Ruf: Wie oder was hören wir? Ist das ein Weckruf, der uns auf den Weg bringt?
- Schwellenhüter: Wer oder was begegnet uns? Wer oder was hält uns ab?
- Prüfungen: Womit kämpfen wir und wie erleben wir uns dabei?
- Roter Energiering: Inwiefern begegnen Zweifel, Ängste, Feinde, Widerstand, alte Muster?
- Technologie 4.0: Unsere Träume?
- Arbeiten 4.0: Was bedeutet das?
- Führen 4.0: Wie kann das aussehen?
- Agile Organisation: Wie sieht unser Unternehmen in 2025 aus?
- Wellbeing: Was ist förderlich, was hinderlich?

Wenn wir uns in üblichen Meetings mit diesen Fragen auseinandersetzen, so verfolgen wir meist ein konkretes Lernziel oder ein messbares Ergebnis. Die Social Reflecting Matrix löst sich davon und bleibt bewusst unbestimmt und offen. Die zugrunde liegende Absicht ist es, den Blickwinkel zu erweitern, Wiederholungsmuster zu erkennen, das gewohnte Denken zu überwinden und in unbewusstes oder vergessenes Terrain vorzudringen.

Je nach Zielsetzung kann die Social Reflecting Matrix entweder als einmaliger Impuls oder in regelmäßigen Sessions durchgeführt werden. Das ungewöhnliche Setting der ungeordneten Stühle wirkt auf die Teilnehmer zunächst irritierend. Gleichzeitig ist es aber auch entlastend, da der direkte Blickkontakt fehlt. Der eigene Fokus darf sich nach

	Social Reflecting Matrix	Learning Dialog
Setup	• Teilnehmer sprechen über alles, was ihnen zum Thema bzw. zur Einstiegsfrage in den Sinn kommt • Jeder Beitrag darf sein, kein Beitrag wird bewertet! • Über die Zeit gelangen die Teilnehmer in einen Möglichkeitsraum, in dem sich zeigen kann, was an Inspirationen, Fantasien und spontanen Einfällen vorhanden ist	• Teilnehmer tauschen sich über ihre Inspirationen, Fantasien und Einfälle aus • Gemeinsam werden Erkenntnisse und Ideen generiert
Zweck	• Freies Aussprechen von Gedanken, Metaphern und Einfällen, ohne dass diese zunächst einen Sinn ergeben müssen • Gewohnte Denkmuster überwinden	Transfer in praktisch anwendbares Wissen und konkrete Maßnahmen
Raum Setting	Ungeordnete Bestuhlung mit möglichst wenig direktem Blickkontakt (ruhiger Raum!)	Stuhlkreis oder stehend am Flipchart
Teilnehmer	• Team (Abteilung, bereichsübergreifend, hierarchieübergreifend), Ecosystem • ab 12 Teilnehmer	
Rolle Host bzw. Moderator	• Setup und Spielregeln erklären • Session eröffnen und schließen • Prozessbegleitung (nur bei Bedarf) • Teilnehmer in die zweiten Teil führen	• Moderation des Learning Dialogs • Sammeln der Ideen und Maßnahmen
Dauer	60 - 90 Minuten	ca. 60 Minuten

◻ **Abb. 3.9**   Social Reflecting Matrix

innen wenden und neues Denken darf entstehen. Je nach Anzahl der Teilnehmer werden 1–2 Hosts bzw. Moderatoren empfohlen. Diese führen achtsam durch die Matrix, die aus zwei Teilen besteht (vgl. ◼ Abb. 3.9).

Literatur

Campbell J (2015) Der Heros in tausend Gestalten, 2. Aufl. Insel Verlag, Berlin

Hüther G (2014) Die Macht der inneren Bilder, 8. Aufl. Vandenhoeck & Ruprecht, Göttingen

IDEO (2015) – in Anlehnung an Larry Keeley desirable-viable-feasible model 1995. Design thinking. ▶ https://www.id.iit.edu/models/design-thinking. Zugegriffen: 2. Sept. 2018

Meier Tobler AG (2018) Smart Guard – Fernüberwachung von Wärmepumpen. ▶ https://www.meier-tobler.ch/de/Service-Unterhalt/Smart-Home/Fernueberwachung-smart-guard#open=3108. Zugegriffen: 20. Aug. 2018

Schulz von Thun F (2016) Miteinander Reden 3, 24. Aufl. Rohwohlt, Reinbeck

Stanford Research Institute (2006) NABC Methode – Need, Approach, Benefit, Competition. ▶ https://web.stanford.edu/class/educ303x/wiki-old/uploads/Main/SRI_NABC.doc. Zugegriffen: 20. Aug. 2018

Vogler C (2007) The writer's journey, 3. Aufl. McNaughton & Gun, Michigan

Beamen wir uns erneut ins Jahr 2030

© Springer Fachmedien Wiesbaden GmbH, ein Teil von Springer Nature 2019
R. Günthner, D. Dollinger, *Hirn 1.0 trifft Technologie 4.0,* https://doi.org/10.1007/978-3-658-23904-6_4

Beamen wir uns erneut ins Jahr 2030 und schauen auf das zurück, was in den vergangenen Jahren passiert ist, so könnten wir folgendes beobachtet haben:

Es hat Unternehmen gegeben, die nicht nur die Notwendigkeit einer radikalen Veränderung erkannt haben, sondern sich mit voller Energie und Zutrauen an die Herausforderungen der 4. Industriellen Revolution gemacht haben. Diese Unternehmen sind heute (2030) nahe an ihren Kunden, leben Co-Kreativität und haben motivierte Mitarbeiter, die sich als Intrapreneure kreativ und mit Innovationskraft für den Unternehmenserfolg einsetzen. Diese Unternehmen haben erkannt, dass der Mensch den Unterschied macht. Sei es in der Kundeninteraktion, in der Interaktion mit Ecosystem-Partnern oder in der Abwicklung von internen Geschäftsprozessen. Neben dem Unternehmenserfolg hat das Wohlbefinden der Mitarbeiter einen sehr großen Stellenwert im gesamten Unternehmen bekommen. Auf der anderen Seite hat es jedoch Unternehmen gegeben, die zu lange gezögert haben. Sie haben den letzten Zeitpunkt verpasst, auf den immer schneller fahrenden Zug der Digitalisierung aufzuspringen. Bei einer linearen Entwicklung von Märkten und Technologien in der Vergangenheit ist es teilweise noch gelungen, Vorsprünge des Wettbewerbs aufzuholen. Bei einer exponentiellen Entwicklung war das leider nicht mehr möglich. Der sich verstärkende Shift von einem Wachstums- in einen Verdrängungsmarkt hat für viele Unternehmen den Need zur radikalen Veränderung noch zusätzlich verstärkt.

Die Erfolgsformel der Zukunft *für Unternehmen* hieß: **Mut größer Angst!**

Immer komplexer werdende Unternehmenssysteme sowie die sich beschleunigte Marktdynamik haben auf der einen Seite dazu geführt, dass sich immer mehr Menschen aus hierarchisch strukturierten und geführten Unternehmen verabschiedet haben, da der Druck von oben zu groß wurde. Auf der anderen Seite haben sich einige Unternehmen zu selbstorganisierten und agilen Unternehmen gewandelt und es sind neue Unternehmen mit modernen Organisations- und Führungsstrukturen entstanden. Während hierarchische Unternehmen Mühe hatten, Mitarbeiter zu finden, wurden die modernen Unternehmen mit Initiativbewerbungen von den besten Talenten überschüttet. Vor allem Menschen der Generation Y und Z waren nicht mehr bereit, ihre Gesundheit und ihr Privatleben einer klassischen Karriere in einer Leistungskultur zu „opfern". Dadurch sind Ecosysteme entstanden, in denen klassisch organisierte Unternehmen mit kleinen Experten-Unternehmen (Start-ups) sowie freien Mitarbeitern gemeinsam als Netzwerk-Organisation an der erfolgreichen Umsetzung von Projekten arbeiten.

Die Erfolgsformel der Zukunft *für Unternehmen* hieß: **Ecosysteme aufbauen!**

Mittlerweile gibt es eine Hand voll globaler Technologieunternehmen, die Daten-Handelsplattformen sowohl für den Business-to-Consumer-, als auch für den Business-to-Business-Markt zur Verfügung stellen. Diese Plattformen erlauben es, dass sowohl Privatpersonen als auch Unternehmen ihre Daten zu Geld machen können, indem sie diese Daten interessierten Käufern auf der Daten-Handelsplattform zum Kauf anbieten. Die Plattform arbeitet wie eine Art „Datenbörse", die den Preis für Daten auf Basis von Angebot und Nachfrage in Echtzeit anpasst. Jeder autorisierte Käufer kann die Daten erwerben, die er z. B. für den Auf- oder Ausbau seines Geschäftsmodells, für die Erhöhung der Prozess-Effizienz oder für eine noch bessere Interaktion mit seinen Kunden benötigt. Einige Unternehmen haben sich zu Kooperationen zusammengeschlossen und eine eigene Daten-Handelsplattform entwickelt und zwar ganz spezifisch für ihre Branche und Region. Darüber werden z. B. Maschinen-, Qualitäts- oder Prozessdaten ausgetauscht und das nicht nur zwischen Hersteller und Kunden, sondern auch zwischen Hersteller und Lieferanten, Hersteller und Banken/Versicherungen oder sogar zwischen Hersteller und Hersteller.

Die Erfolgsformel der Zukunft *für Unternehmen* hieß: **Zu den ersten gehören!**

Die neuen Technologien haben sich in rasender Geschwindigkeit in unser Berufs- sowie Privatleben ausgebreitet. Intelligente Digitale Assistenten (IDAs) wie Siri, Alexa oder Cortana nehmen uns viele Alltagtätigkeiten wie Mails oder Chats beantworten ab, sie planen unsere Termine oder überwachen unsere Kinder und Haustiere. Dinge in unserer Umgebung sind mit anderen Dingen vernetzt und tauschen Informationen aus. Anstatt mit einer Tastatur, füttern wir unsere Smartphones, Laptops, Maschinen oder Roboter mit unserer Sprache. Es gibt auf der einen Seite Menschen, die sich wohl fühlen mit diesen Intelligenten Digitalen Assistenten. Sie vertrauen ihre persönlichsten Daten den Anbietern solcher IDAs an, sodass Schritt-für-Schritt digitale Zwillinge von Menschen entstehen. Die Anbieter und deren Algorithmen kennen uns mittlerweile besser als wir uns selbst. Wir vertrauen ihnen, weil damit unser Leben leichter und komfortabler erscheint. Damit ist Tür und Tor geöffnet für jegliche Art der Manipulation! Facebook's Algorithmen etwa stellte uns schon im Jahr 2019 nur die Informationen zur Verfügung, die wir gerne sehen und hören möchten. Es gibt jedoch auf der anderen Seite auch Menschen, die weiter mit analogen Werkzeugen wie Klebezetteln und Notizblöcken arbeiten, weil sie es gewohnt sind, sich nicht an digitale Werkzeuge herantrauen oder weil sie ganz einfach ihre persönlichen Daten lieber für sich behalten. Dadurch entstanden nicht nur Unternehmen der zwei Geschwindigkeiten, sondern auch eine Gesellschaft der zwei Geschwindigkeiten. Bei aller Technikgläubigkeit haben wir uns über die Jahre bewusst gemacht und Aufklärungsarbeit geleistet, dass Technologien sowohl für Gutes, als auch für Böses benutzt werden kann. Die Diskussion über Digitale Ethik, Regulierung sowie Abhängigkeit von wenigen mächtigen Datenunternehmen ist voll im Gange. Politik, Bildung und Wirtschaft suchen nach Lösungen aus diesem Dilemma.

Die Erfolgsformel der Zukunft *für uns alle* hieß: **Aufklärung und Ausbildung!**

Aufgrund der drastischen technologischen Veränderungen im Berufs- wie im Privatleben sind viele Menschen in den letzten Jahren durch einen persönlichen Veränderungs- und Reifeprozess gegangen. Auch ermutigt durch Unternehmen, die den Wandel konsequent angegangen sind und das Wohlbefinden der Mitarbeiter in den Vordergrund gestellt haben. Sie haben erkannt, dass in der Welt 4.0 ein anderes Wertesystem sowie andere Fähigkeiten benötigt werden, um in der immer komplexer werdenden Welt zu bestehen und nicht vom immer größeren Druck zerstört zu werden. Aus dem Motto „größer, schneller, weiter" wurde das Motto „sinnvoller, ganzheitlicher, ausbalancierter". Sie haben begonnen, sich mit sich selbst und ihren Bedürfnissen auseinanderzusetzen. Sie haben erkannt, dass es im Leben nicht nur um Arbeit geht, sondern vor allem um Sinnhaftigkeit und die Balance zwischen Freiheit und Zugehörigkeit. Für die einen hat die Familie als soziales System an Bedeutung gewonnen, andere suchen innere Mitte durch Yoga, Meditation sowie eine gesunde und vor allem bewusstere Lebensweise. Diese Menschen stellen mittlerweile die Lebensbalance über eine Karriere in einem

Leistungssystem und verzichten auf mehr Gehalt oder höheren sozialen Status. Sie sind ausgeglichener und mit ihrem Leben durchweg zufrieden. Dadurch sind sie in der Lage, mit mehr Energie an berufliche Aufgaben zu gehen und sind wesentlich wirkungsvoller und erfolgreicher als in der Welt 3.0.

Die Erfolgsformel der Zukunft *für uns alle* hieß: **Sinnhaftigkeit vor Karriere!**

Dadurch, dass mittlerweile alles digitalisiert wurde, was digitalisiert werden kann, haben viele Menschen ihre bisherigen Jobs verloren. Die fortschreitende Automatisierung von nahezu allen wertschöpfenden sowie nicht-wertschöpfenden Prozessen hat weder vor Banken, Steuerberatern, Krankenhäusern, Seniorenheimen, Finanz- oder Personalabteilungen noch vor öffentlichen Behörden Halt gemacht. Im gleichen Zeitraum sind Jobs entstanden, an die wir in 2019 noch gar nicht gedacht haben. Durch massive Programme und Investitionen von Wirtschaft, Politik, Bildung sowie Wissenschaft in die ganzheitliche Aus- und Weiterbildung vor allem in technischen Belangen, konnte der Jobverlust in Grenzen gehalten werden. Durch einen agilen und wenig bürokratischen Ansatz wurden Aus- und Weiterbildungsprogramme entwickelt und ausgerollt, die ganzheitlich und integrativ auf das komplexe Thema Digitalisierung und die 4. Industrielle Revolution schauen. Viele Menschen konnten motiviert werden, in die neue Welt 4.0 einzutauchen und zu erkennen, welche ihrer Talente in welchen Bereichen der Digitalisierung benötigt werden.

Die Erfolgsformel hieß: **Wirtschaft, Politik und Bildung müssen an einem Strang ziehen!**

The manufacturer's authorised representative in the EU is Springer
Nature Customer Service Centre GmbH, Europaplatz 3, 69115 Heidelberg,
Germany. If you have any concerns regarding our products, please
contact ProductSafety@springernature.com

Printed and bound by CPI Group (UK) Ltd, Croydon, CR0 4YY
23/04/2026
02095650-0003